SOCIOLOGY
AT THE
STREET
CORNER 3

SOCIOLOGY
AT THE
STREET
CORNER 3

巷仔口社會學3

如果贏者全拿,
我們還剩下什麼?

SOCIOLOGY
AT THE
STREET
CORNER 3

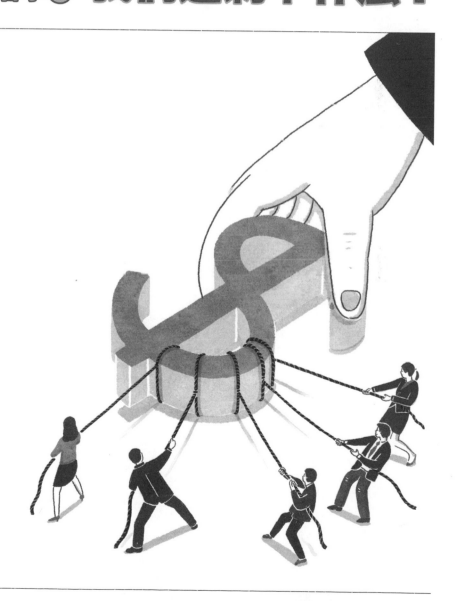

潘美玲、王宏仁　主編

如果贏者拿走了全部，那麼我們還剩下什麼？

卡爾·波蘭尼說：

「人類最終的認命，讓生命得以重生。

不怨大尤人，接受社會現實，

讓人類有無比的勇氣、力量來掃除所有可克服的不義與束縛。」

6　序　返校讀經濟：追尋真正自由的社會生活　　　　　　　潘美玲、王宏仁

第一篇　市場不只一種可能

16　台灣黑狗兄的未來：如何讓中小企業成為隱形冠軍？　　　鄭志鵬
23　不同顏色的供應鏈：透過社會價值來創造產業升級　　　　潘美玲
28　中國大推進式發展半導體產業可行嗎？　　　　　　　　　吳介民
37　誰的公司、為誰治理？社會學怎麼看公司治理　　　　　　鄭力軒
42　市場是展演，是社會技術組裝體　　　　　　　　　　　　王驥懋
47　社會科技系統中的想像與合理性　　　　　　　　　　　　楊智元
53　台灣的汽車安全應該回歸什麼樣的市場機制？　　　　　　劉清耿

第二篇　借貸人生

62　簡介「金融化」的故事及其測量　　　　　　　　　　　　夏傳位
71　從市場工具到社會空間：台灣證券營業廳的轉變　　　　　陳宇翔
76　社會金融是什麼？以及如何可能？　　　　　　　　　　　吳宗昇
82　欠債與還債：債務的社會學世界　　　　　　　　　　　　吳宗昇
89　債務與不平等的社會學　　　　　　　　　　　　　　　　翁志遠
96　能體會幾分街友漂泊？寫在流浪生活體驗營後　　　　　　黃克先

第三篇　好工作與壞工作

104　好工作不見了嗎？從工作機會變遷談青年就業困境　　　　張宜君
111　證照對謀職或加薪有利嗎？　　　　　　　　　　　　　　林大森
117　當社會學遇見管理學：一個小主管的經驗談　　　　　　　李香潔
124　台商如何想像越南女性勞工？偷竊、搞破壞、集體昏倒　　王宏仁
131　竹科園區零工會的奇蹟背後：個別化的勞資關係　　　　　林倩如
138　新年到，揮別「招裁禁飽，薪餉四成」的人生　　　　　　邱毓斌

第四篇　消費萬萬歲

146　戴上「現代」：日本及台灣草帽的誕生與流行　　　　　　　　　　　　苗延威

152　都市的大型慶典：狂歡解放？財團宰制？　　　　　　　　　　　　　董建宏

158　巨型活動進化史：由民族主義到資本主義的兩種都市競技場　　　　　蘇碩斌

166　「砍掉重練」的世界觀：你想線性累積？或是循環重生？　　　　　　蘇碩斌

173　消費如何改變社會？從兩個消費者組織的故事談起　　　　　　　　　萬尹亮

第五篇　真實烏托邦

180　市場中的擴散？社會學的觀點　　　　　　　　　　　　　　　　　　鄭力軒

185　從黑手變頭家到隱形冠軍：台灣中小企業的產業升級與技術創新（1996-2011）　謝斐宇

193　巷仔口的中藥房：醫藥專業鬥爭與中藥房的降格　　　　　　　　　　安勤之

200　建構台灣茶：喝茶如何成為台灣的日常生活文化？　　　　　　　　　陳宇翔

207　禮物經濟與公民社會：台灣的捐款文化　　　　　　　　　　　　　　田畠真弓

211　作環保的社會想像與實踐：社區、經濟與環境　　　　　　　　　　　郭瑞坤

交通大學人文社會學系教授 潘美玲
中山大學社會系教授 王宏仁

序
返校讀經濟：
追尋真正自由的社會生活

　　最近幾年上經濟社會學的課，宏仁老師都會使用經濟學的標準教科書，來對比跟社會學觀看經濟現象的異同。

　　這個學期他使用了吳聰敏老師撰寫的《經濟學概論》，閱讀此書時，感覺好像返校重讀經濟學。吳老師是他大學時的總體經濟學老師，非常認真，對於台灣經濟史有許多獨到的見解。過去他使用翻譯的美國經濟學教科書，學生經常感到格格不入，因為都是美國的例子，但吳老師的這本書使用了非常多台灣資料來說明經濟現象，而且文筆流暢，這本書應該是目前台灣學生學習新古典經濟學的最佳入門書籍。

你是忘記了「人是社會產物，不是自利動物」，還是害怕想起來？

在該書的第一章第三節「人是自利的動物」，討論經濟學最關鍵的一項基本假設：「人的行為反映其自利的動機，人是為自己而活。」但這個假設實在太違反我們的日常情感了。

吳老師喜歡登山，我們就來看看某個因登山而起的實際案例。有一群互相不認識的人，一起去能高安東軍縱走，期間一位隊員 A 體力不支、脫隊嚴重，最後死亡。後來 A 的家屬去法院控告其他同行隊員沒有善盡「互助互相照顧的責任」，以至於 A 死亡。

這些被告的隊友一定心裡 OS：「事情到底為什麼會變成這個樣子啊？不就只是爬個山而已嗎？」「把所有的痛苦都留在過去，就這麼忘了不好嗎？」

按照經濟學的說法，人類行為反映其自利動機，人是為自己而活、人是自利的動物，那麼 A 的家屬憑什麼告其他隊員，何況大家是互相不認識的一群人。

但法院判定同行隊員需負有保證人的義務，而不是一群完全不相干的人，這些義務包含「盡可能陪伴、鼓勵、救援時留下食物」、「下山向外求救」、「報案」。司法體系的看法經常反映社會大眾的主流思考，所以即使是一群相互不認識的人在一起，我們都會認為，當他們在一起的時候，已經組成了一個小團體／社會，也因此要負有某種社會道德義務，彼此不是互不相干、只要追逐自己利益的原子式個人。

經濟學不僅假設人是自利的，而且是自利的「動物」，這種說法剛出來的時候，嚇壞了許多人。經濟學始祖亞當斯密在 1776 年出版的《國富論》還認為，人的尊嚴就是一個道德的存在，競爭跟圖利都必須在理性跟人性面前

低頭。但到了二十多年後的馬爾薩斯《人口論》（1798），人已經徹底退化成動物，人類的生存不再跟社會制度安排有關，而只受到食物多寡、自然環境的支配。不過，人類社會的組成跟動物一樣，就只是為了吃飽而已嗎？顯然不是，要不然怎麼會出現今年（2019）五月以來香港的大規模抗議，持續至今仍未退燒？

真理是這樣的：即使有地心引力，但不是因為有地心引力，小鳥仍然會奮力往上飛翔；即使有自利，但不是因為有自利，人類仍會做出道德的經濟行動（經濟社會學鼻祖波蘭尼〔Karl Polanyi〕說的）。

台灣女人「賣」子宮？

吳老師的教科書裡頭，有一個有趣的案例：根據 2014 年以前的資料，40 至 45 歲的女性之中，有勞保的女性在 45 歲以前切除子宮的比例，是沒有勞保女性的二至三倍。經濟學家的說法是：「勞保失能給付所產生的財務誘因，誘發了婦女選擇切除子宮」。看吧！人就是自利！

但是這樣的子宮切除行為，真的只是為了海撈一筆勞保給付嗎？根據王秀雲老師的調查，她不否認經濟利益會造成子宮切除手術，但這裡的經濟利益不只是指切除子宮的女性，也包括開刀的婦產科醫師，畢竟給建議的是醫師，據 2005 年的調查顯示，有 20% 的子宮切除是不必要的。另外的 80% 是基於醫療需要而進行的手術，而且許多婦女都是在醫師告知後才知道，子宮切除後可以領勞保失能給付。如果大家都是為了十幾萬元而去割除子宮，那麼為何不是去賣卵子，一顆可以高達 18 萬，或一顆高達 750 萬的腎臟？此外，男性切除睪丸的話，一樣有勞保失能給付，根據衛生署 2008 年的統計，當年有 2,121 個女性切除子宮，而只有 16 個男性切除睪丸，如果是財務因素誘發了手術，為何幾乎沒有男性去切除睪丸？

王秀雲老師說，探討台灣女性為何要切除子宮，還必須看到社會對於子宮的論述，例如「子宮無用論」、「子宮有潛在癌症風險」、婦女的身體與

醫療技術的關係（例如避孕的樂普）等等，才能清楚為何女性要割除子宮。

這裡可以看到，經濟學家傾向於把人類的行為都歸因在個人的自利動機，但是社會學者則強調人類的經濟行為跟社會環境息息相關，經濟行動必須鑲嵌在社會制度之中才可以理解。例如台灣女性切除子宮的行為，是鑲嵌在台灣的健保制度、醫病關係、性別文化，甚至裝樂普避孕的身體經驗當中，絕對不可能是由單一經濟物質因素就可以誘發的。

總結社會學角度看到的經濟行為：一、人不是原子式的個人存在，而是生活在社會中；二、個人的經濟行動是鑲嵌在社會制度、文化、物質文明當中；三、觀察經濟行動必須從社會整體、相互關聯的角度來觀看，而非將經濟行動與其他領域的行動分開。

如果沒有遇見經濟騙子就好了

但是我們生活世界習慣認為，高效率、高獲利是社會發展的動力，社會進步等於經濟發展，就得追尋資本主義的邏輯，自利式的「賺大錢」才是王道。然而自由市場的發展是歷史的產物，人類歷史上有許多不同型態的市場運作，經濟的運作從來就無法脫離社會、文化、和政治的因素。於是首要之務，就是要認識到：經濟自利的追求本身就是一種文化產物，因此在過去、現在、未來，它都不會是支配市場行為的單一原則。

1998 年的美國杜克大學，一群學生在校園靜坐，他們抗議的對象不是學校，而是因為身上那件印著 Duke 標誌的衣服。學生們發現，這些他們引以為傲的服飾沾滿勞動者血汗，這些勞動者們在低薪和惡劣環境下的工作，而這樣的壓榨更隨著全球產業的競爭，繼續向下沉淪。這場在美國校園開展的反血汗工廠運動，逐漸成為世界性的社會運動，多少翻轉了全球供應鏈的遊戲規則，也稍微改善了第三世界工人的勞動情況。

如果我們認為自由市場是唯一的經濟制度安排，這種視野將會把人類變

成狹隘的經濟人，從而將人類困在市場經濟的牢籠當中——少數資本家拿走利益，人類卻集體賠上社會整合、自然環境，以及人的自由與尊嚴。如果你存了好久的錢買一輛汽車，卻沒有得到應有的保障，你會認為這是市場自由競爭運作法則的結果嗎？本書的第一篇從不同的面向提出各種可能性，例如公司治理就不見得只為了老闆和股東，能源科技的政策如何制定從來就不是只有一種邏輯。認清資本主義和市場的多樣性，不但讓台灣的黑狗兄有繼續打拚的氣力，也讓我們對未來會有積極的想像

▌ 連國家都會變成流浪漢的當代金融社會

司法人員在 1970 年代的時候，薪水很低，宏仁媽媽的某朋友是法官太太，只要一開學，就會來跟他家借錢，因為薪水太低了，連小孩子的學費都繳不起。我們猜，進入二十一世紀後，這種跟朋友借錢來繳納學費的情況會少很多，一方面有助學貸款，另方面也有信用卡可以應急。以前到美國旅遊或經商，出國前必須換美金現鈔或旅行支票，但現在使用信用卡刷卡或直接在美國的銀行提領現金也可以；以前上公車必須先買票，現在直接刷卡；以前得用現金袋寄送學費給在外學子，現在網路銀行一指搞定；以前賺了錢就儲蓄，現在則去投資股市理財。

我們的生活、社會早被金融化了。

看似更方便的金融生活，其實也徹底改變國際或社會關係，一不小心國家或個人就會陷入負債。借錢非常方便，缺錢中國就借給你，還不出來，就把斯里蘭卡的港口收歸自己所有；信用卡債務還不出來，討債公司、司法體系就會上門來，逼得你發瘋或出門流浪。

本書的第二篇就是圍繞著全球金融化下的社會議題討論，包含一帶一路、股票號子變遷、卡債剝削、債務造成的創傷，更甚者淪為街友無所依靠。我們可以看到全球金融資本主義的猙獰、衝擊，而台灣這個在地社會又如何回應、適應這樣的衝擊

為何台灣薪水三十年不變？

宏仁老師的姨丈只有小學畢業，在 1970 年代先當學徒，接著跟朋友在愛河旁開起工廠做合板加工生意，賺了好幾棟房子；1980 年代的台灣，進入「台灣錢淹腳目」時代，大學畢業生起薪，從 1980 年的 8000 多元，到 1987 年翻了一倍，超過 1.6 萬元；1985 年的某個大學畢業同學說，他應徵了 13 個工作，13 家公司都錄取他。

從 1987 年到現在，已經過了三十年，但大學畢業生的薪水還漲不到一倍，到底發生了什麼事？是不是好的工作機會都消失了？黑手變頭家的流動路途是不是被堵住了？有人會去考證照，但這只是個人找尋出路的辦法而已，對集體低薪問題的解決有用嗎？還是必須回到勞工組工會才可能改變？但台灣的政經文化環境，非常不利工會組織跟集體行動，怎麼辦？是不是來讀一下《巷仔口社會學》可以比較知道如何解決這些問題？還是必須改變組織的奴隸管理文化？

這些問題沒有簡單的答案，二十世紀的台灣社會，提供許多流動的機會，因此，許多人認為努力就可以階級翻身，但是二十一世紀的台灣，如馬克思說的：「絕大多數的人，除了自己的一張皮以外，沒有什麼可以出售了。」也只有當台灣勞工認清楚這個處境後，才可能團結來抵抗勞動力的徹底商品化，找出新的出路，這是本書第三篇所關心的主題。

資本主義不會忘記的，永遠都不會忘記的：掏你口袋的錢

大家應該都有這樣的經驗：每年生日的前一個月開始，就會收到各家廠商寄來的賀卡和給壽星的優惠，他們並不認識你，但比你的朋友、家人更在意這個日子，他們提醒你可以如何犒賞自己，提供各種折扣或商品，目的當然很清楚：要你口袋的錢。過去的時代，商人會提醒大家要過母親節、中秋節、聖誕節了，現在則又加碼宣傳古今中外的節日：七夕情人節、萬聖節，還要加上白色情人節，多多益善，甚至就直接宣傳購物節，這個厲害吧！商業性

的消費活動，幾乎成了現代過節的必要項目。我們當然清楚消費社會的遊戲、背後的經濟邏輯，但事情可能比你想的還要複雜。在當代消費開始盛行電子支付，雖然帶來方便，但也暴露了個人隱私，除了國家治理的運作，同時也成為企業蒐集大數據的商機，消費者等於是一頭牛，同時被剝了兩層皮。

以上是大家比較熟悉的個人式消費社會學版本，本書第四篇也介紹進化版的當代資本主義消費，包括許多年輕人期待看到偶像現場表演的跨年演唱會，或各級政府積極爭取舉辦的巨型活動，如花博、世大運、奧運。當然，消費者也不是一盤散沙，要如何不被個個擊破，建立主體性，本書諸多文章也有所討論。

▌只要我們能另類思考，就有很多事情是可以期待的

有人說台灣人很愛貪小便宜，一旦有免費的來店禮或促銷活動，事先提早幾小時去排隊，甚至超過 24 小時都可以。但是台灣人也很有愛心，日本 311 大地震時，慷慨解囊，讓日本人銘感於心。有一次，我看到一條新聞，一群都市低收入者的屋舍被燒了，時值寒冬，某教會立即為他們募集物資，正當我準備聯絡教會運送物資時，工作人員就和我說已經夠了，這還不到 3 小時欸！這讓我對台灣人的善心捐助，有了第一手的體會，雖然因為手腳太慢，而有被打敗的感覺，卻也感受到了滿滿的溫暖。

其實，上述行為再次證明了經濟學所預設，以自我最大利益為優先考量的理性經濟人不是人的唯一特質，如何強化從社會利益出發的社會經濟，超越由自由市場支配的資本主義經濟模式，也可以透過從社會整合的角度，建構社會經濟的想像而加以實踐。而當我們了解到經濟組織和行為不能脫離社會領域而獨立運作時，就得認可經濟行動也是社會行動。經濟社會學的知識也如經濟學的理論一樣，能夠積極地影響它所描述的對象，也就是說，提出從社會角度所建構的社會經濟圖像與想像，也可以成為驅動社會實踐的力量。這是本書第五篇的案例所要傳達的訊息。

這本書的內容還有兩個特色：首先，幾乎所有的篇章都是針對台灣社會或與台灣社會相關的案例展開論述，對於關心台灣社會經濟的讀者而言，可以提供更多元的理解角度，從而思考在資本主義自由市場經濟之外的各種可能性。其次，各篇的內容已經是經濟社會學的 2.0 進化版，除了傳統的社會制度、社會鑲嵌、社會網絡概念，也加入 STS 理論的「社會技術組裝體」、展演性等概念。不過關於親密經濟或文化經濟等新近發展的論述，尚無相關文章，希望未來《巷仔口社會學》可以有更多此類的討論。

另外，本書的各篇文章，除了書中「市場不只一種可能」、「借貸人生」、「好工作與壞工作」、「消費萬萬歲」、「真實烏托邦」這五個篇章的安排之外，還可以從不同的面向組織歸類，例如對於全球供應鏈有興趣的讀者，可以將台灣黑狗兄、中小企業隱形冠軍、不同顏色的供應鏈、中國半導體產業升級策略，合起來一起看。性別的部分，則有台商投資的越南工廠的女工、對於柔性管理的討論，以及女性消費者的故事等，同時也可以搭配《巷仔口社會學》第二輯第七篇的「勞動、運動與性別」共讀。此外，《巷仔口社會學》第一輯第三部的「勞碌人生」也可以與本書內容共同參照。

目前台灣社會經濟，如果贏者拿走了全部，那麼我們還剩下什麼呢？波蘭尼說：「人類最終的認命，讓生命得以重生。不怨天尤人，接受社會現實，讓人類有無比的勇氣、力量來掃除所有可克服的不義與束縛。」本書的作者們，認清目前的個人與社會困境、限制，但是不怨天尤人，大家一起鼓起勇氣來，花費許多時間精力書寫，就是希望透過知識傳播來為台灣經濟社會提供解方，克服那些似乎不可能超越的障礙。我們要感謝本書的所有作者，即使外在政經、學術環境不是那麼優渥的條件下，為了貢獻、回饋台灣本土社會，他們違反經濟學的「自利動機」，完成了一篇篇的文章，這就是本書得以成書的最重要原因。

第一篇 市場不只一種可能

台灣黑狗兄的未來：如何讓中小企業成為隱形冠軍？　　鄭志鵬

不同顏色的供應鏈：透過社會價值來創造產業升級　　潘美玲

中國大推進式發展半導體產業可行嗎？　　吳介民

誰的公司、為誰治理？社會學怎麼看公司治理　　鄭力軒

市場是展演，是社會技術組裝體　　王驥懋

社會科技系統中的想像與合理性　　楊智元

台灣的汽車安全應該回歸什麼樣的市場機制？　　劉清耿

清華大學通識教育中心、社會學研究所合聘副教授 鄭志鵬

台灣黑狗兄的未來：如何讓中小企業成為隱形冠軍？

2013 年上映的紀錄片《台灣黑狗兄》，談的是彰化社頭一個中小型企業規模的織襪業者，在面對全球化市場競爭時，拒絕走下世界舞台的故事。在片尾，台灣音樂創作人林強改編了他早期的成名作〈向前走〉，以沒有人聲的方式處理，即使節奏放緩，聽來依舊激勵人心。當音樂前奏響起時，我們這一代的心，依然輕易地被帶回 1990 年那個風起雲湧的台灣，所有一切都在改變，而且總認為沒有什麼台灣人做不到的事，只要我們持續「向前走」，就「啥物攏不驚」。

為什麼〈向前走〉這首歌以及《台灣黑狗兄》這部片如此鼓舞人心？台灣在這些年來新自由主義當道，偏向財團化的政策，使得貧富差距擴大，工作貧窮與少子女化，讓社會普遍瀰漫「崩世代」的末世氛圍，這也是《台灣黑狗兄》與〈向前走〉能夠獲得許多人共鳴的原因。台灣人從來就不怕挑戰，但這並不是說台灣人就不懂得擔心和害怕，而是在困境中，我們經常愈挫愈勇，那種「打斷手骨顛倒勇」的精神，正是台灣島民長久以來的最佳寫照。

▌台商生產的遊牧轉進

　　台灣每生產十雙的襪子當中就有八雙來自社頭，而有襪子王國的封號，全鄉大約有 400 製襪工廠，全都是中小型企業，4 萬 4 千的人口中，有一半左右依靠這個產業維生。根據 2013 年《商業週刊》的報導，在 1990 年代初期以前，在全球襪業的各國廠商當中，台灣一直居於銷往美國金額最大的國家，這種台灣經濟奇蹟的經驗同樣可以在製鞋、成衣、玩具、眼鏡、雨傘等勞力密集型產業中出現。後來這些原本聚集在中台灣的外銷產業，因為勞動與原物料成本的上升而西進中國，台灣以往的世界工廠地位也逐步讓位給中國以及鄰近的東南亞國家。

　　留在國內沒有移動的台灣黑狗兄們，開始苦思轉型之道。某些製造業公司看到中國便宜的勞動力與不嚴格的環境、土地與勞動法規，開始到中國投資，後來成為大型甚至巨型企業，例如製鞋業的裕元與電子業的富士康，雇工人數動輒數萬人以上起跳。但是好景不長，2008 年國際金融危機的發生與中國調控體制的轉變，包括新的稅制與勞動合同法，再度讓台商深陷經營危機之中，「台商大逃亡」一時之間成為坊間雜誌的流行用語，彷彿逐低工資而居的遊牧民族是專職代工的台商擺脫不了的宿命，這些遊牧台商也開始尋找下一個可以成為世界工廠的地方。

　　只是不管是留在台灣的黑狗兄們，還是出外打拚的台商，如果要存活下來，都必須面臨產業轉型升級的挑戰，而有這種想法，是因為台灣製造業者長期以來都處於全球商品鏈（或稱全球供應鏈）的中間位置。

作為全球商品鏈一環的台商

全球商品鏈是一個跳脫國家、以個別產業作為分析單位的理論觀點：一項商品從上游的設計、製造，一直到下游的零售行銷過程中，在不同地區負責不同部分的廠商，已經「鏈結」在一起，形成一個跨地域性、彼此相互依賴的交易網絡。基本上，這個跨國交易網絡結構依行動者權力關係，可以分成「生產者驅動」與「買者驅動」這兩種類型。在生產者驅動的商品鏈中，擁有關鍵生產技術的廠商不僅可以控制商品鏈的運轉，也掌握了最多的利潤分配比例，像是資本與技術密集的航太、汽車與半導體產業便是屬於此種類型；相反地，在買者驅動的商品鏈中，掌控商品鏈與最大利潤的，是占據設計研發與銷售通路端的品牌商、貿易商與大型零售商，台灣擅長的鞋業、成衣、玩具與消費性電子產品等便是歸在此類。

以中國鞋業為例，台商的接單價格通常是產品售價的 15% 至 20%，亦即，國際買主擁有售價的 80% 至 85%。一雙零售價 100 美元的鞋子，台商的代工價格是 15 至 20 美元，台商除了支付原物料費用之外還要負擔龐大的勞動力成本，在這種計算公式下，每個工人可以分配到的利益是少之又少，因此勞資糾紛也幾乎可以預見，例如 2014 年 4 月發生在東莞高埗、參與人數高達三至四萬人並且持續將近一個月時間的裕元鞋廠大罷工。

這是台商想要進行產業升級轉型的原因，希望能夠向上提升自己在商品鏈中的位置，可以往附加價值高、利潤所得分配豐厚的那一端移動。曾任台灣紡織業拓展會董事長的詹正田說：「我們輸，就輸在品牌。」台灣的機能性布料是全世界最好的，2014 年世界盃足球賽有十支參賽隊伍穿的都是百分之百台灣製造的環保塑料球衣，但台灣的業者沒有品牌，等於都是在做代工，是沒有利潤的生意，賺大錢的都是國際品牌。業者曾希望由政府主導成立一個台灣服飾品牌，整合產業上中下游，這樣才有辦法與國際品牌競爭，不過這個過程一直很不順利。

自創品牌不是台商的唯一出路

世界品牌能有幾個？台灣的中小企業是否可以負擔得起這些費用？當然，動用國家資金挹注是其中一條可以考慮的道路，而且有了品牌還可以替台灣爭取榮耀，但像韓國政府的「民族品牌」策略，積極去扶持、透過挑選贏家（pick winner）而成長的酷斯拉企業，國民所得的分配不見得有利於一般工人及社會大眾。台灣的產業結構與韓國有很大的差異，是以中小企業為主，中小企業的數量占全部企業的 95% 以上，雇用人數也占製造業總人口數的七成；因此台灣的經濟轉型，還是應該將為數眾多中小企業放在優先考慮的對象，產業轉型升級的路徑必須鑲嵌於在地的社會結構。回顧歷史可以幫助我們釐清未來轉型的可能。

台灣的中小企業是一種「小而美」的網絡式組織型態，它有生產彈性與效率，能夠在多變的國際分工市場上取得利基。廠商之間透過長期人際互動，發展出信任關係，促成台灣製造業者不論是在訂單的轉包、人才資訊的流動、買主趕工的要求等各方面，都能夠相互協助，發揮「魚幫水，水幫魚」的競爭優勢，不被其他後進發展國家追上。這種發展模式後來因為台商的南進與西進而遭受到挑戰，然而中小企業聚集的大台中地區，目前仍是台灣重要的出口基地，像是工具機、自行車與薩克斯風產業等。學者研究也指出，從事製造的中小企業不僅可以提供大量的就業機會，而且也可以維持較為均等的所得分配，並且是許多技術創新的主要來源之一。

換句話說，如果我們要找一個台灣未來經濟發展可以參考的典範，以大型企業主導的經濟體系，可能就不是那麼適合。或許以中小企業為經濟發展主體的德國，是台灣可以學習借鏡的對象。

隱形冠軍的可能性

所謂的隱形冠軍，指的是一群專精於特定技術並且鮮為人知的中小企業，員工人數並不多，但是市占率高。這些分布在世界各地的隱形冠軍，生

產的並不是終端產品，而是關鍵性的零組件與專業性的配件，所以我們很容易忽略它們的存在。在全球 2734 個隱形冠軍中，有 1307 個來自德國，占全世界比率達 48%，這些中小企業使得德國能夠在後國際金融危機時期，依舊維持強勁的出口競爭力，員工的生活與福利不至於受到太大的衝擊。

隱形冠軍企業的競爭力秘訣在於「持續專注在正確的事物上，每天在一些不起眼的小地方做出改進」，那麼是什麼樣的制度與結構，使得這些中小企業能夠持續專注在特定事物上，並且追求技術深化這種漸進式的創新？答案在於資本主義的多樣性。

當前有些政治經濟學者認為，一個國家的經濟成長無法完全由技術、勞力與資金等因素所決定，與生產相關的制度環境對國家經濟表現的貢獻同等重要，因此我們有必要了解社會網絡、協會、工會與國家等這些行動者交織而成的制度環境，對企業生產與交換過程產生的影響。此觀點將已開發國家的資本主義發展區分為兩種不同的模型，一種是自由市場經濟（liberal market economies），另一種則是協調市場經濟（coordinated market economies），前者以英、美為典型，後者以德、日為代表。

從字面上的意義便可以清楚知道，開放競爭、去除管制，是自由市場經濟類型的國家經常會出現的政策，自由貿易是達到這種競爭樣態的必要手段，追求利益極大化的企業即依照價格機制調整其行動；而協調市場經濟模型則認為，市場價格競爭只是協調經濟交易關係的一種機制，企業更多時候是依據非價格的因素，來與市場上的其他行動者進行策略性互動，採取網絡式組織的互動交易，以協調合作來取代競爭關係，並且據此建立起企業的核心競爭力。

在新自由主義思潮當道的今日，台灣掌握政策制訂權力的財經官員，對於資本主義的想像經常侷限在英美代表的自由市場經濟，海峽兩岸經濟合作架構協議（ECFA）、自由貿易協定與自由經濟示範區都是這個脈絡下的產物，寄望於大企業與民族品牌也都可以從這個角度出發加以理解，但是如果我們

將眼光從英美移開轉向德國的時候，將會發現另一番不同的光景。例如德國的金融系統經常被稱為「耐心資本」，銀行不會在經濟波動時抽銀根，反而會幫助企業繼續雇用原有員工，不太會發生像英美企業的大規模裁員，這也支持了德國企業所採取的長期雇用制度與在職訓練系統，當然這也是因為德國有強有力的工會能夠代表工人與企業及政府協商工業關係。這樣的制度，讓德國中小企業「能夠持續專注在特定事物上，並且每天在一些不起眼的小地方做出改進」成為可能。雖然協調市場經濟無法帶來革命性的產品與關鍵技術創新，或是快速攀升的國內生產毛額（GDP），但是它在漸進式創新的表現卻可以帶來較穩健的經濟成長，而且當有外在經濟危機時，所受到的衝擊也較小。

思考資本主義的多樣性未來

2014 年的太陽花（反服貿）運動，讓我們有機會重新檢視影響台灣政治經濟發展的中國因素。反服貿運動表面上的對手是中國，但是潛藏在骨子裡更深沉的幽靈是全球化與自由貿易，反服貿是不是等於反自由貿易，這個問題沒在這場運動中正面回答過，更不用說如果我們真的反對自由貿易，那麼之後的替代選項會是什麼？此外，世界工廠大移轉已經再度啟動，中美貿易戰更加快此一趨勢，全球產能紛紛開始出走中國、回流到美日等先進國家，以及東南亞和台灣。不想繼續當遊牧民族的台商及台灣的黑狗兄們，優勢會在什麼地方？

我們想像的未來經濟典範，不能只有自由市場經濟模型。資本主義是多樣性的，貿易的方式也不應該只侷限在自由貿易，因為自由市場不是萬靈丹，生產要素自由流動的結果自然朝向比較利益原則，於是我們可以看到現今台灣人才外流嚴重，出國唸書的人也覺得自己回不來了，因為找不到合適的工作。我認為德國的協調市場經濟模型，可以是台灣的另一種選擇，台灣與德國一樣都是以中小企業起家，企業規模不一定要大，但是專注於技術的深化，並且增加自己的不可替代性，這樣不管品牌如何轉變，世界工廠如何移轉，還是得跟台灣關鍵的零件製造商買產品。

需要再次強調的是，產業控制思維的調整需要有相關制度配合，亦即要成為隱形冠軍，制度環境的支持是不可或缺的。台灣已經有運作成熟的協力生產網絡，可是缺乏如德國由政府與勞資雙方三者共同構成的政治協商制度來支持這個生產網絡，特別是台灣工人力量相對薄弱，工會組織率甚低，如果我們不想讓崩世代的預言成真，不想看到台灣黑狗兄們被擊倒，產業工會的組織化與企業協會是深化技術能力的必經之路，而這是資本主義多樣性觀點告訴我們的事：企業核心競爭力從來不是企業自己本身的事，而是關乎企業背後一整套制度架構的支持。然而，建立制度架構是一件耗時耗力的工程計畫，所以此時對未來充滿焦慮感的台灣來說，缺乏的不是速度，而是龜兔賽跑時所需要的耐心。

台灣黑狗兄的
未來

交通大學人文社會學系教授 潘美玲

不同顏色的供應鏈：
透過社會價值來創造產業升級

　　「紅色供應鏈」最近成為台灣社會的一個熱門議題，這個用詞透過電視媒體和財經雜誌的傳播，也成為街談巷議日常聊天會提到的話題，一個月內我竟然在幾個不同的場合被問到：「到底什麼是紅色供應鏈？」甚至家庭聚會和久違的大學同學聚餐時，都有人在問這個問題，這不只是一個被高度關切的名詞，問這個問題的人，都還帶著一股不解的恐懼。

　　「紅色供應鏈」最早來自於 2013 年英國《金融時報》的報導，它意指中國在全球電子資訊產業的位置，已逐漸脫離只是提供勞力密集的末端組裝工作，美國的蘋果公司開始使用中國廠商提供 iPhone 的零組件，構成其全球供應鏈的正式成員，而這可能威脅到原先在此供應鏈上台灣、日本、韓國等廠商的地位。其實，中國已經是世界工廠，中國製造早已經不是新聞，但過去

是台商接單，在中國工廠生產的部分，現在則是中國廠商開始有能力可以自行接單、生產，有機會取代過去台商的角色。

對紅色供應鏈的恐懼

台灣電子資訊產業在全球分工所占有的不可或缺的角色，曾經被譽為「矽屏障─台灣最堅實的國防」。若從產業競爭的層次來看，廠商投注研發，以成本和效率爭取訂單，原本就是自由市場的遊戲規則，也是必然的結果。但問題是中國以國家級的戰略行動，扶植電子零件供應鏈，例如，要求智慧型手持裝置品牌業者，必須至少有三成是向中國當地業者採購，透過國家的支援扶植中國特定廠商，提昇技術與生產規模，目的就在取代外國廠商在國際品牌全球供應鏈的地位。

這並不是一場完全自由競爭的賽局，經濟只是手段，政治才是最終的目的，紅色恐懼的是「以商逼政」。我們在和日、韓或甚至東南亞國家競爭的時候，即使這些國家分別被標示一種顏色，頂多就是一種競爭對手的識別，但不會產生同樣的反應。

面對紅色供應鏈的威脅，產業界或政府相關部門的討論，多半從產業競爭的經濟優勢角度出發，強調政府應該介入並大力扶持產業技術升級或發展品牌。但當大家只期待政府發動「積極作為」之時，強調的只有經濟理性或政府角色，缺乏社會的思維。為何面對紅色威脅時，我們非常需要社會的思維呢？第一、因為商品的供應鏈就是生產與銷售的過程，牽涉到環境資源、物料生產與勞動力，這些並非發生在真空狀態，而是在社會制度或權力的脈絡下運作的。第二、研發創新必須經濟發展兼顧社會永續，不能偏限於單面向的思考。

「全球商品鏈」概念的啟發

供應鏈在企業管理或工業工程的領域，著重物流與製程管理，重視的是

成本和效率。但經濟的運作不能抽離社會脈絡或忽略社會基礎，我們在思考因應紅色供應鏈策略的同時，應先認識供應鏈運作的社會機制，並開發多元創新的可能性。全球商品鏈（Global Commodity Chain, GCC）是 Gary Gereffi 教授在 1990 年代針對商品生產製造的全球化所提出的分析概念，之後則是使用全球價值鏈的概念（Global Value Chain, GVC）。所謂的「商品鏈」是指「一個商業成品的勞動網絡和生產過程」，形式上和企業管理或工業工程所指涉的供應鏈類似，但商品鏈更強調全球生產網絡當中的權威統御結構（governance structure），它是決定供應鏈的關鍵機制。在一條商品鏈當中，決定金融、物料和人力資源如何配置和流通，這個流程有許多可能性，例如純粹由價格決定的買賣交易，只是廠商之間關係型態的其中一種而已。

但是，供應鏈的廠商之間的合作與生意往來，有不同程度的權力關係，主導廠商控制協力廠商的程度、協力廠商的技術能力等因素，都會影響這個供應鏈裡頭不同行動者的權力關係。Gereffi 指出，當商品鏈的領導廠商在商品鏈上面具有越高的統御權力的時候，這個品牌廠商就越能夠設定標準規格與指導原則，甚至可以做到比法定標準更嚴格的地步。從產業升級的角度來看，後進國家廠商可以進到這類廠商主導的商品鏈，就有機會學習更先進的技術或管理策略，達到產業升級的效果。

商品鏈的統御架構分析，也提供了從主力廠商下手，促進社會進步的可能性，這部分在面對台灣當前的挑戰，更有啟發作用。以買者主導的商品鏈為例，具有控制行銷管道的大零售商如 Wal-Mart、GAP、Tesco 或 Nike 等品牌，掌握強大的購買力，因此可以要求旗下訂單的供應商，符合他們設定的許多標準。紡織與成衣生產是買者主導全球商品鏈的典型案例，這些品牌廠商沒有自己的工廠，透過離岸外包的方式，以低價來獲取利潤。若不斷地壓低成本的話，就會使價格一直「向下沉淪」，從西方品牌零售商往下到貿易商，再往下擠壓到成衣製造商，迫使製造商再往工資更低廉的地方設廠，也造成在該產業全球供應鏈上的勞動條件日趨惡劣。

社會運動下的全球商品供應鏈

　　台灣曾經在 1990 年代，因為擁有成衣配額而在全球成衣商品鏈具有相當地位，它曾經為品牌零售商生產，也在這些廠商的要求下，到中國、東南亞等地區設廠。那麼當台灣配額的出口優惠取消之後，它在全球商品鏈的重要地位是否就被取代了？實際的發展沒有那麼悲觀。第一，台灣的廠商開發環保機能性布料，供應目前世界市場的七成。傳統成衣生產雖然被取代，但並沒有因此而「脫鏈」，反而靠著新的環保材質布料，建立在全球成衣商品鏈當中的重要角色，2014 年世界杯足球賽球員身上所穿的球衣，許多就是台灣代工製作的。

　　第二則是來自消費者和非營利組織等民間力量的監督，促使品牌的代工廠商都必須注重勞動與環境人權。例如起源於美國大學校園的反血汗工廠運動，是來自供應鏈之外的社會力作用。美國各大學之間的運動競賽，不只是大學校園的盛事，也吸引廣大運動球迷的關注，因此印有大學名稱或標誌的服飾，在全美的成衣銷售上占有一定的比例。然而，由於媒體揭露許多美國品牌廠商的外包工廠工人支領低薪、在惡劣的勞動環境下生產的訊息，1998 年杜克大學學生率先展開校園靜坐反血汗工廠運動，要求校方不得授權給那些壓榨勞工的品牌廠商。這個訴求不但得到校方的支持，積極制訂採購原則，也引發其他大學校園仿效，產生更廣泛性的影響。它也促成美國政府設立「公平勞動協會」（the Fair Labor Association），要求美國品牌的代工廠必須提供足以維持生活的基本薪資，尊重工人組織工會的權利，提供符合安全與健康的工作環境，以防止該產業無下限的沉淪。

　　過去幾年，電子資訊產業興起的「紅色供應鏈」，也必須面對來自於民間環保組織的挑戰。中國民間環保組織在 2011 年調查了資訊科技產業對環境造成的危害，發布「蘋果的另一面」調查報告與影片，指出蘋果違反自己的供應商行為準則，放任供應商汙染環境與毒害工人。這些指控，迫使蘋果必須開放其供應商的名單，接受檢驗，若有任何汙染環境的情況發生，就必須改善。

不同顏色的供應鏈

透過社會價值而創造的產業升級

全球商品鏈當中所謂的「領導廠商」，是指從供應鏈的環節中獲取最高附加價值的廠商。擁有專利先進技術或品牌，是成為領導廠商的必要條件。但附加價值如何計算？若只是以金錢計數，從成本和價格進行「向下沉淪」的競賽，勢必犧牲環境和社會公平與人權。因此，從社會價值的層面來思考，不僅可以創造產業升級，也更能確保人類社會的永續。例如，確實實施「綠色供應鏈」的步驟，從生產原料的採購到生產製程中的能源使用，納入環保的概念，並將供應鏈延長到產品回收再利用的部分，這已經是歐盟先進國家的標準。蘋果公司為回收手機零件而製作的機器人「Liam」，宣稱可以在 11 秒內拆解一台 iPhone 6 的手機，成為新機發表會的最大亮點。可見商品鏈環節已經延伸到產品的回收，而蘋果公司也已經看到必須往友善環境發展的趨勢。

消費者現在還有更多的選擇，因為「公平貿易手機」已經開始第二代的生產。公平貿易的社會運動在農業採購上有多年的歷史，試圖改善被剝削的咖啡農民生活，我們可以選擇購買公平貿易咖啡。公平貿易的電子資訊產品將會是另一個可能，2013 年 Fairphone 由一個荷蘭團隊所開發，從原物料取得方面，堅持只採購非衝突礦石作為原料，避免加劇剛果內戰，而且也藉此扶持剛果經濟的安定，增加當地居民的就業率。它也重視供應鏈中所有勞工的權益，包括工資及工作環境的合理性，也建立了手機的回收機制，公平貿易手機之所以能夠實現，正是從商品鏈環節的社會價值來考量，但功能和價格也可以與現有品牌廠商一較高下。

以上的幾個案例都提供了從商品鏈架構出發，透過社會的創新而增加商品的附加價值。實現這些價值的行動者是消費者或民間團體，他們透過社會運動而產生推動商品鏈改變的力量。面對紅色供應鏈威脅，我們不應侷限在經濟條件的競爭，我們也可以加入「綠色的供應鏈」，或者以公平貿易的手機商品鏈為範本，在追求產業升級的同時，開展多元創新的思維，能夠將社會價值向上提升，才是創造真正贏家的供應鏈競爭。

中國大推進式發展
半導體產業可行嗎？

中國目前正遭遇經濟增長率下滑的趨勢、要素成本價格攀升、內生的成長動力也在快速趨緩；外部則遭遇美國對中國執行貿易戰與科技戰，資訊及通訊科技（ICT）組裝業正在急速脫離中國，以美國為主導的全球供應鏈部分，正在經歷「脫中化」過程。在內外夾擊之下，中國如何渡過這個發展危機？如何推動產業升級？

中國政府目前的產業升級路徑，是採取大推進（big push）發展策略。從過去廣東發展經驗中，我們觀察到中國國家（包括中央與地方政府）通過「在地鑲嵌治理」（locally-embedded governance），介入全球價值鏈的治理，以稅收和尋

租手段汲取經濟剩餘（這個龐大剩餘主要由民工勞動力的投入所貢獻），並通過產業政策強勢主導產業升級，強力整治汙染產業等等，進一步回饋到國家權力的增長。因此，中國政府能夠與資本（包含外資與內資）分享經濟剩餘，也使得國家成為價值鏈中的「價值攫取者」。而具有能動性的「在地體制」（local polity），則挾其國家資本與茁壯中的製造能力，與全球資本（核心國家）展開競爭關係。

一、「中國製造 2025」大推進策略

從這個角度觀察，中國目前的產業升級策略，就是利用已經達成相當優異的製造能力，從世界工廠的地位，想要轉型為世界市場，利用「市場換技術」、外資所有權限制、自製率規定、強制技術轉移、甚至「侵犯」或「竊取」外國公司智慧財產權等手段，來推動快速的製造能力升級。

從比較政治經濟學的觀點，中國目前正試圖從資本主義世界體系中的「半邊陲」向「核心」挺進，強力推動「彎道超車」策略，繞過美國等西方資本與技術霸權主導的全球產業鏈，自行建構中國掌控的全球產業鏈，而期待在此產業鏈中攫取更大的利益份額。因此，中國採取類似加強版的韓國路數，即大推進策略，但由於中國的經濟規模、國家性質與國家權力強大，使得中國政府扮演比韓國政府更積極、更強勢的指令角色，一次性投入大量資本，由國家扮演出資與融資角色，並採取多種補貼政策與市場保護策略，推動國家扶植的產業項目。

在此宏大企圖心驅動之下，中國從 2011 年開始執行的《十二五規劃》強調發展內需市場，並以此為基礎開拓外銷市場，所謂「紅色供應鏈」的說法就是這個階段的產物。2014 年，國務院設立扶植本土半導體（集成電路）產業的「大基金」，第一期募資人民幣 1,300 多億元；2018 年宣布加碼募資 3,000億元。2015 年國務院進一步發布《中國製造 2025》文件，同一年由「國家製造強國建設戰略諮詢委員會」動員「48 位院士、400 多位專家」討論制定，公布了「《中國製造 2025》重點領域技術路線圖」，羅列 10 項關鍵產業，

包含半導體、AI 製造與機器人、航空航天、高技術船舶、軌道裝備、新能源汽車、電力裝備、農業裝備、新材料、生醫等產業。這份規劃書可說是一份趕超西方核心國家製造技術的「目錄」，展示了中國實現「創新驅動、轉型升級」的雄心。在此藍圖下，中國廣泛宣傳「中國製造 2025」，加緊對外獲取技術，使得這個規劃案舉世矚目。但是這個大戰略的可行性如何呢？它可能遭遇到哪些阻礙？

由於「中國製造 2025」牽涉產業範圍廣大，這裡僅就藍圖中的半導體產業做評估。「大基金」設立之後，據報導，中國在 2016 年業已規劃，將在 2018 至 2020 年間新建 26 座晶圓廠，其中一些是「大基金」扶植對象。但「大基金」投資布局涵蓋整體半導體供應鏈，包括晶圓製造、IC 設計、封裝測試、設備和零組件、特殊材料等領域。

▎二、合資、市場換技術、挖角

目前在中國營運和新設立的晶圓廠，大致有三種所有權操作模式：

（1）外資獨資，例如台積電原在上海已經有一座 8 吋廠，目前在南京投資 30 億美元建造一座 12 吋廠，採用 16 奈米製程，已經在 2018 年 5 月開始出貨。

（2）合資或合作，例如「聯芯」，由台灣聯電與國營企業「大唐電信」合資；「格羅方德」（Global Foundries）與成都市政府合作設廠；「晶合」由台灣力晶與合肥市政府合作，初步投資由合肥官方出資，力晶以參股方式技術合作；「南京德科碼」與以色列塔爾（Tower Jazz）合作，塔爾提供技術專家與營運整合資訊，並取得新設 8 吋晶圓廠 50% 產能，擴展中國國內市場。

（3）中資主導，例如「中芯國際」上海廠，2008 年中芯國際引入大唐電信作為戰略投資者，第一大股東變為國資。「大基金」將中芯視為國產芯片的龍頭企業進行扶持。2017 年 6 月「大基金」已成為第二大股東，持股比例為 15.91%。2015 年，中芯與華為、IMEC（比利時微電子研究中心）

中國大推進式發展半導體產業可行嗎？

和高通合組公司，研發 14 奈米製程。2017 年，中芯聘請前台積電研發主管梁孟松擔任聯合首席執行長，負責研發部門。2016 年，「紫光集團」和「武漢新芯」合併成立「長江存儲」，據報導也挖角原在台灣 DRAM 大廠的董事長擔任營運長。

從上述營運方式，大致可以看到幾個特色：（1）半導體產業是高度資本密集與技術密集的產業，資金需求非常龐大，因此在原先並無先進半導體製程的中國，政府與國營企業便承擔關鍵推動角色。（2）「以市場換技術」，是中國要求外商合資的主要策略。因為有中國規定半導體產業自製率的政策文件，因此中方便要求外商進入中國設廠時，需以合資或合作形式做技術轉移，「這樣外商對中國客戶有交代，拿中國訂單壓力就減低一些」。（3）挖角人才是中國經常使用的手段，主要是來自美國、韓國、新加坡與台灣的人員。（4）中國大量興建新晶圓廠，不論未來產品品質如何，將會在 2020 年後爆發相當大的產能，對市場結構造成影響。

▍三、製造文化是中國技術落後台灣的主因

其實中國在半導體產業已經部署多年，但距離世界最先進技術一直存在相當大差距。以中芯國際為例，設立於 2000 年，是中國媒體曝光度最高的 8 吋廠。目前在中國共投資 7 家晶圓廠，義大利投資 1 家，但產品良率一直受到業界質疑。中芯最初是由台灣「出走」的張汝京團隊成立，但設廠不久即遭到台積電控告其侵犯智慧財產權。2009 年雙方達成和解協議，中芯賠償台積電 2 億美元，並授予 8% 中芯股份給台積電。

目前中芯在製程技術方面的進展，根據其財務報告，2018 年第一季度在 28 奈米製程節點的銷售額，只占總銷售額的 3.2%，而在 40/45 奈米節點占 21.7%，55/65 奈米節點占 20.9%，150/180 奈米占 38.9%。對照在晶圓代工技術屬於全球領先廠商的台積電，早在 2011 年即進入 28 奈米製程量產。因此，「中芯與台積電的製程技術差距，至少三代，相差 7 至 10 年。」在營業績效方面，台積電 2017 年營收為 320 億美元，全球市占率 55.9%；中芯為 31 億美元，

全球市占率為 5.4%。台積電 2018 第一季的毛利率為 50%，中芯為 26.5%，兩者差距相當大。2018 年 7 月，美國中央處理器大廠超微（AMD）證實已與台積電合作試產出第一顆 7 奈米 Rome 伺服器處理器，這表示台積電在 7 奈米製程取得全球領先地位。

中芯設立將近二十年，仍然無法拉近與台積電的技術差距，業界一般都指向製造經驗、技術累積、知識產權與「文化」問題。從中芯與台積電的技術能力比較，可以窺知中國趕超核心國家技術的焦慮。中國是否可能在半導體產業，複製之前在電信產業、高鐵產業的成功經驗？過去，中國與日本和德國合作而獲取高速鐵路技術，利用中國廣闊市場急速建設路網而建構起產業鏈，並開始對外輸出軌道產業。然而，中國半導體產業根基薄弱，是否可能透過類似的「大推進」趕超策略而建設起來？答案似乎並不樂觀。儘管投資許多大尺寸晶圓廠，購買先端設備，可以衝高產量，但在製程的先進性與品質方面，即便從先進國家挖角人才，仍無確實保證。一位業界人士評論：「半導體產業需要的技術深度，與『文化』有關。中國現在的產業文化鼓勵週期短的產品，但 IC 產業週期長、需要穩紮穩打，跳槽與挖角，不適合 IC 產業的特性。」

談到文化，有時更像是製造行為習慣上的差異，半導體廠房的潔淨要求非常高。一位曾經在晶圓廠工作的經理說：「我的老闆曾經在北京參觀一家半導體晶圓廠，親眼看到作業員用推車搬運設備零件，要進入無塵廠房時沒有更換裡面的推車，就這樣推進去，輪子上黏附的灰塵就跟著帶入廠房。在台灣，是一定要將設備搬上廠房內部專屬的推車，也就是要換車，但是中國作業員不知道是疏忽或懶散了，沒有遵照這個 SOP，就這樣給它進去了。」

台灣業界對於中國以人才挖角取得技術的方法，也一直有質疑的聲音，因為技術轉移涉及許多智慧財產權與專利問題，中方很難迴避這些專利障礙。中芯侵犯台積電智慧財產權挨告賠款和解，就是一個教訓；梁孟松協助三星電子也曾被台積電控告。目前梁孟松進入中芯擔任領導角色，是否能夠協助趕超台積電製程，一般業界並不看好。

2017 年廣州黃埔區政府和廣州開發區管委會，與張汝京合作籌組粵芯半導體公司，是一家 12 吋晶圓廠。張汝京提出所謂 CIDM 模式（Commune Integrated Device Manufacturer，協同式整合元件製造廠），這個模式結合芯片（晶片）設計、終端應用企業客戶與芯片製造廠，由三方共同投資，解決資金籌募問題，共同承擔風險。此種合作模式來自於新加坡的「TECH 半導體公司」，在中國是新嘗試，粵芯尚在籌設階段（2017 年底舉行項目動工儀式），但共同投資有其操作的複雜性，CIDM 模式是否適合中國模仿也受到質疑。根據中國媒體 2018 年 3 月報導，粵芯「與廣州方面簽約之後就沒有了下文，此計畫可能已流產」。

四、美中科技戰的衝擊

早在 2012 年美國眾議院情報委員會的調查報告中，便指出華為與中興（中國的第一與第二大通訊設備公司）對美國國家安全造成潛在威脅，因為這兩家公司與中國政府有密切關係。2018 年 4 月，美國商務部以「中興通訊」違反規定提供美國製晶片給伊朗為由，公布對其「禁運」七年。這個制裁措施，使它無法取得關鍵晶片與技術，對其發展 5G 通訊是重大打擊。6 月，中興答應支付高額罰款並撤換高管，換取美國解除部分制裁。中興事件發生在美中貿易戰即將開打的時刻，實非偶然。多年來，華為一直打不開美國市場，即使花費大筆資金從事政治遊說，仍然無法緩解美國政府對華為與中國軍方（與政府）關係的疑慮。2018 年 7 月，美中貿易戰正式開打，而科技戰已先打了前鋒，美國這回對中國經濟圍堵，劍指「中國製造 2025」。

2018 年 12 月 1 日，華為副董事長兼財務長孟晚舟（華為總裁任正非的女兒）在加拿大遭到逮捕，理由是涉嫌違反美國出口管制向伊朗出售敏感科技，並以假帳掩護。事件發生，中國舉國譁然，中國政府逮捕兩名加拿大人；中國各地發起「挺華為」活動，聲討美國及其盟友的聲浪大起。中國《環球網》發出社評「讓仗勢侵害中國利益的國家付出代價」。中國官方與輿論反應再次顯露出「重振中華帝國慾望」受挫時悲憤交加的集體情緒。美國持續遊說盟國抵制華為 5G 網路設備。美國司法部於 2019 年 1 月 28 日宣布起

訴孟晚舟。目前孟晚舟的引渡官司尚在加拿大進行。孟晚舟事件對華為在全球布局 5G 網路造成極大挑戰，也是美國主導反擊中國的科技戰之最前哨。2019 年 5 月，川普政府針對華為下重手，將華為與 70 家相關企業列入「黑名單」，不准美國企業以及使用美國科技內容超過 25% 的外國企業，出口高科技產品給華為，企圖切斷華為核心晶片等組件的供應鏈。

　　美國抵制中興與華為，掀開了中國科技實力的斷層線，讓我們有機會觀察到中國經濟發展的虛實。在中興事件刺激下，中國掀起一陣「缺芯之痛」輿論熱潮。事件發生不久，習近平到武漢烽火集團考察時，強調「核心技術、關鍵技術、國之重器必須立足於自身。……過去在外部封鎖下，我們自力更生，勒緊褲腰帶、咬緊牙關創造了『兩彈一星』，這是因為我們發揮了社會主義制度優勢——集中力量辦大事。」他在視察武漢「新芯集成電路」時，指示要實現「兩個一百年」奮鬥目標，一些重大核心技術必須靠自己攻堅克難，要依賴自主研發，加快芯片技術突破。台灣業界傳言：大陸官方授意當地面板龍頭昌京東方必須有逾五成的驅動 IC 都採用大陸自製產品，更下達「良率不好沒關係，先用再說」的指令。

　　中興事件加速了中國本來已經在極力推動的半導體工業。從過去中國官員浮誇吹噓的「放衛星」歷史經驗，目前推動晶圓廠建設的方式充滿風險。爭相投資建設中的晶圓廠，總是攀比技術水平與建廠、投產速度。晶圓廠由於設備昂貴，投資非常鉅大，機器非常「燒錢」，光刻機（極紫外線 EUV 曝光機）一台就要 1.2 億歐元（約台幣 42 億）左右。我們從中國官員與企業慣有的尋租行為來預測，購買如此昂貴的機器設備，投機倒把的空間很大。再者，在「放衛星」集體心態驅動下，如果真的是「領導說了算，不顧成本與品質硬上」，放在半導體產業脈絡中，是非常不理性的趕超行為，在與西方科技戰的刺激下，舉國同「芯」並不能快速累積半導體所需的製造文化。

　　在「中國製造 2025」指導下，中國試圖趕超世界先進製造技術，跳躍到全球價值鏈頂端，以此模式推動經濟持續發展。這個產業升級大策略是否確實可行？目前仍是個大問號。

中國大推進式發展半
導體產業可行嗎？

五、台積電的領先地位與挑戰

目前美中對抗大格局下的科技戰，凸顯了台灣在半導體供應鏈上的重要性。華為所屬的海思具有設計高階晶片的能力（例如麒麟行動處理器），但是中國在高階晶片製造上仍須委託台積電執行。台積電雖在全球晶片製造上居於領先，一向相當低調謹慎，但許多分析報導仍不斷證實台積電的關鍵性，包括製造美國國防工業尖端晶片（參見 *New York Times*, Oct. 25, 2019 https://pse.is/MSDXD）。台積電是台灣極少數（若非唯一）位居全球價值鏈領先位置的公司，其技術創新、規模、與品質皆位列尖端。2019 年 10 月，台積電甚至超越 Intel，成為全球半導體產業市值最高的公司。

因此，當中國半導體製造能力仍不足，至少在目前階段，華為在製造先進晶片上仍需依賴台積電。根據前引《紐約時報》報導，美國因為國防安全等考量，希望遊說台積電在美國設廠，但新設先進晶圓廠資金非常龐大（一座動輒 150 至 200 億美金），而在美國營運台積電等級晶圓廠成本遠高於台灣，因此台積電甚至跟美國談到了補貼。這件事例凸顯所謂「製造文化」包含著複雜的經濟地理與人文社會結構因素，難以「去鑲嵌地」建造先進晶圓廠。因此，中國想操作「彎道超車」大推進策略來推動「中國製造 2025」，例如半導體製造能力大升級，是相當困難。

從台積電退休不久的創辦人張忠謀如此評估：「雖然面對中國半導體企業的來勢洶洶，而且不斷地進步。台積電在這段期間也將會不斷進步，不管是在技術或是在效能上，都會領先對岸競爭對手至少五年，不過這領先的時間應該會在十年左右。中國在十年後將會逐漸地追趕上來，所以大家並不能大意。」張忠謀對台灣半導體產業樂觀但審慎的展望，對映出中國急切的趕超心態。

在美中對抗格局下，中國遭遇美國在晶片供應上的「斷鏈」威脅，亟思尋找出路，提出所謂「去美國化」，並積極拉攏台灣與南韓的相關廠商。在此變動中的國際地緣政治經濟結構，美國恐怕也關心台積電是否與中國

走得太近，甚或成為中國競爭半導體技術的助攻手。由此可見，台灣對自己的科技製造能力應該更有信心，也須善用這個能力來保障自己的生存。

本文改寫節錄自作者的學術專書《尋租中國：台商、廣東模式與全球資本主義》，台大出版中心，2019 年。因為篇幅限制，刪去了所有的註腳。請有興趣的讀者查看原書。

中國大推進式發展半
導體產業可行嗎？

誰的公司、為誰治理？

社會學怎麼看公司治理

政治大學社會學系副教授 鄭力軒

　　2012 年爆發了震驚社會的林益世索賄案。他當時是前行政院秘書長，之前在立法委員任內，因為介入中鋼爐渣處理的工程，被控向承包商地勇公司索賄的案件。該案件的司法爭點環繞在中鋼是否屬於國營事業，就法律上的定義而言，政府在中鋼持有的股份不到一半，因此中鋼是不折不扣的民營事業。如果採用這個定義，林益世不過是介入兩間民營公司的糾紛。然而從實際經營來看，中鋼從董事長到所有董事再到總經理幾乎都由經濟部所指派。換成這個角度出發，林益世就是利用立法委員的職權介入國營事業的運作，明確構成了貪汙。翻成白話來說，重點在於：「中鋼到底是誰的？」

　　不只中鋼，「公司是誰的」這個問題也同樣出現在大型私營事業，特別是上市企業。名義上公司屬於股東全體，然而實際上又掌握在少數人手中，

大部分的小股東都無法參與公司的任何決策。另一方面，為數龐大的受雇者名義上不是公司的所有者，並不擁有決定公司重大決策的權力，但公司決策對他們命運的影響卻比多數股東還深刻。舉例而言，除了股東和員工外，大型企業對不管上下游廠商、消費者乃至周邊區域都常有決定性的影響。當代所流行的公司治理（corporate governance）概念，所要應對的就是這些議題。根據經濟合作暨發展組織（OECD）在 2004 年所提出的公司治理綱要，完整地涵蓋了公司治理的幾個面向，提供了可操作的指引：

（1）公司治理架構應與法令規章一致，並明確規範不同監督單位、立法單位及執行單位之權責，以促使市場更透明更有效率。

（2）公司治理架構應保障股東權益並有利於股東權益之行使。

（3）公司治理架構應確保能公平對待所有股東，包括小股東及外國股東。所有股東於其權益受侵害時應能獲得有效救濟方式。

（4）公司治理架構應藉由法律或透過共同協議以確立利害關係人的權利，並鼓勵公司和利害關係人間在創造財富、工作及健全財務等方面積極合作。

（5）公司治理架構應確保即時且正確地揭露任何攸關公司的重大資訊，包括財務狀況、經營績效、股權概況及公司治理等。

（6）公司治理架構應確保公司董事會的策略性指導、董事會對管理階層有效的監督以及董事會對公司及股東應負的責任。

然而從社會學的角度來看，必須更進一步追問的是，這個原則從何而來？盲點又是甚麼？台灣的狀況又與這些原則所產生的脈絡有甚麼關聯？如此才能對公司治理問題有更清晰的理解。

美國公司治理與股東優先模式

在 OECD 的原則中可以看出，公司治理的核心價值就是確保那些沒有企業控制權的股東利益。要理解這個原則的發展，就必須回到美國大型公司的發展歷程。在十九世紀中葉前，股份有限公司被視為一個危險、特殊，必

須取得國家特許的組織型態，特許的項目則多半是給予包括金融、運河、橋樑與鐵路等具有公共服務目的產業，得到特許的對象常常也是包括教堂、地方政府等具公共性質的對象。直到十九世紀下半葉經歷一系列政治過程後，股份有限公司才被容許擺脫公共義務，成為以營利為唯一目標的純粹商業組織。在股份有限公司被容許成為私有財產後，1932 年由 Adolf Berle 與 Gardiner Means（以下簡稱 B&M）率先指出在股權分散之下出現了新的組織關係，財產的所有者是眾多分散的股東，而公司的運作則由負責日常營運的經理人掌控，也就是所有權與控制的分離。

B&M 對所有權與控制分離的討論，一般被視為是公司治理研究的起點，而其書中所指出的經理人支配的現象，也成為理解美國二十世紀企業發展的標準敘事。企業史學者 Alfred Chandler 就很傳神地以大型組織專業經理人「看得見的手」，如何取代了市場競爭「看不見的手」，作為分析二十世紀美國企業史的基調。然而從 1980 年代開始，無論在市場或論述的層面，傳統專業經理人主導的模式遭遇了激烈的挑戰。在金融市場中，包含退休金、投資基金等各式投資法人開始運用各種手段，強烈挑戰了無法或不願給投資人更高報酬的經理人。另一方面，市場上風行的敵意併購，也嚴厲懲罰了無法提高市值，卻握有大量資產的經理人。這些行動的結果，使得市值與股價成為衡量企業經理人最核心的指標，企業也開始向外尋求可以有效提高「公司價值」的經理人，逐漸形成企業控制市場。

在論述上，隨著財務經濟學中代理人理論（agency theory）的興起，經理人的角色也轉變成為替股東謀求利益的代理人。看待公司的方式，也有所變化，公司從依據理性原則建構的組織，轉變成為契約的叢結（nexus of contracts）。這個論述結合金融市場以及美國大型企業權力結構的改變，使得股東價值成為美國公司的治理核心，進而影響了公司治理的原則。

利害關係人與公司治理的多樣性

並非所有主要資本主義國家都有類似的股東主導的治理模式，OECD 原

則中之所以仍有關於利害關係人的規範，主要就是來自德國日本等國家的經驗。相較於美國模式，股東與股市被視為公司治理的主要焦點，日本和德國的公司治理特徵在於容納了包括銀行、工會與員工等各種利害關係人的參與。在德國主要是形成了由銀行以及工會共同參與的模式，不僅銀行具有介入公司實質營運的傳統，在《共同決定法》的規定下，工會對於公司的營運也有實質的參與。日本則是核心雇員、銀行以及廠商間的網絡所構成的治理模式。日本在戰後財閥解散之後，雖然大企業的控制權落入經理人手中。然而和美國不同的是，股東在日本的企業中極度邊緣化，在終身雇用制的發展下，日本公司被視為核心員工的社群，而非單純股東的財產。在日本社會科學界和業界普遍以「從業員主權」這個概念來描述日本企業的運作型態。OECD 原則中對於利害關係人的規範，與英美之外國家中企業的發展經驗有很深的關係。

企業治理的多樣性，不僅影響各國的企業文化，也深刻影響不同群體間的權力關係與利益分配，其中最大的差異就在於員工的待遇。在美國股東價值優先的體制下，員工經常成為改善公司治理過程中被犧牲的一群，動輒被以改革為名裁員以提升股價。相對的，日本從業員社群以及德國工會參與的治理體制中，裁員通常不是優先選項。包括台灣在內，日本以外的其他東亞國家以及南歐國家更為普遍的則是家族企業，而電視戲劇中充斥著豪門家族企業的生死鬥是東亞觀眾普遍熟悉的情節。

▌鑲嵌在社會中的公司

從社會學角度來看，公司鑲嵌在更大的社會環境中，也因此公司的行動不僅受到公司間各種網絡連結，以及所處場域通行的正當原則所影響，更無法自外於更大的社會政治環境的變動與挑戰，這也是目前公司治理論述的主要盲點。公司往往不是孤立個體，而透過包括持有其他公司股權、策略聯盟、同業公會或協會，董監事的跨坐網絡（interlock），或者是婚姻網絡等各種方式互相連結。特別在東亞所盛行的集團企業型態，企業間的連帶已經制度化。而網絡式生產的盛行，也深化了企業間的互動。這些連結構成資訊傳播、行為與

誰的公司、為誰治理？

認知的擴散以及市場上與政治上集體行動的基礎，進而影響公司治理的運作。

另一方面，公司與其他型態組織一樣，面臨各種社會上正當性的要求。許多社會運動的訴求，包括勞工權益的維護、環境的保護、歧視的根絕等，都不是單純政策領域的問題，而牽涉到企業實際的作為。在這過程中，企業通常不是成為立法規範的對象，就是成為社會運動直接抗議訴求的對象。在歐美地區，社會運動的長期發展，促成了各種勞動與環境的規範以及反歧視的立法。此外，近十年企業社會責任概念與實踐的興起，反映出全球化之下，社會運動對大型企業所提出新的挑戰方式，採用訴求消費者的方式，要求歐美大型品牌廠商對海外代工廠的勞動與環境議題負起一定責任，以及檢查投資機構對被投資對象的人權與環境的保護紀錄。這些挑戰促成了企業社會責任進一步的制度化，也擴大了公司治理的議題與對象。

台灣的課題

對於台灣的公司治理實況，社會學界的探討並不多，最重要的常屬李宗榮對大型企業網絡的一系列研究，指出政商關係與家族主義在台灣大型企業治理上的關鍵角色。李宗榮的研究發現，印證了目前台灣在新聞中常見的許多現象，包括企業集團對政商關係的經營，家族成員為了企業繼承反目，或是少主接班後與經理人的衝突等戲碼，都與台灣家族企業的運作邏輯密不可分。但在另一方面，國外有許多豐富成果的課題，包括股市的面向，特別是日益增加的外資的影響，證券監理機構推動企業治理的實際成效，跨國生產網絡對治理結構影響，全球企業社會責任的風潮以及企業如何應對新一波社會運動的挑戰等議題，還有賴更多系統性的研究。

B&M 對美國大企業的研究，有一個重要但常被遺忘的關懷，就是經濟權力過度集中所可能帶來的問題。台灣當前或許沒有走上 B&M 在美國所看到的經理人主導公司治理模式的興起，然而就經濟力量的集中這點而言，則相當類似。晚近公民社會力量再度勃興，不平等重新成為學術以及政治的焦點，在這背景下，公司治理的發展值得更進一步的關注。

台灣大學生物產業傳播暨發展學系助理教授 **王驥懋**

市場是展演，
是社會技術組裝體

在初春的三月天，春暖還寒，和幾個田野裡的農友，在一間汽車修理廠煮起了火鍋。席間，外頭突然傳來斷斷續續的巨大聲響，我好奇地往外看，還未清楚發生什麼事的時候，汽修廠大哥淡定地告訴我，那是幾個菜農和田事管理者，正在用他廠內的設備修理他們的農機具。

我好奇地追問他，他們怎麼會這些修理農機的技術？還未待黑手大哥告知，一旁我的主要報導人，放下喝一半的「四個燈」威士忌，搶著說明他們這個產業，有什麼樣的技術、運輸方式等，而其他農友亦在旁不斷插話補充。

當下除了佩服這些高手的專業知識外，亦讓我查覺到，他們這個蔬菜業

和其他農產業，有極大的不同。各個產業的複雜樣貌，不斷衝擊我對於「市場」的理解。很顯然，這些不同的市場，有不同的組織邏輯和運作方式，無法僅用供給／需求這簡單新古典經濟學的法則來概括。從農委會的各種統計資料可以看到內銷／外銷農產品的起落，但卻無法一窺這些數字背後代表的意義，為何某產品某年出口增加？而某類根莖類作物大跌？

　　非主流經濟學指出：「市場並非憑空而降，而是在許多社會行動者的協助下，不斷被生產出來。」單純從供給與需求的面向來看待市場，容易將「市場」黑箱化。因此大部分非主流經濟學的研究，即嘗試打開市場黑盒子。有鑑於不同觀點間存在許多差異，本文嘗試簡單地回顧社會學或是非主流經濟學的「市場」概念，並將焦點放在晚近由法國學者 Michel Callon 以及英國學者 Donald MacKenzie 所提出的文化經濟學（cultural economy）市場研究取徑，來幫助我們理解台灣農業市場的形構。

▍市場具有毀滅性力量：馬克思主義政治經濟學取徑

　　和新古典經濟學一樣，馬克思主義的政治經濟學研究取徑，認為市場具有強大的力量，徹底轉變了舊有的社會關係，如社區組織、團結經濟以及文化傳統等。但和新古典經濟學將焦點放在抽象的市場上有所不同，馬克思主義者將分析的焦點放在市場的各種物質基礎上，主要是分析生產過程，以及勞動力在此過程中扮演的各種角色，例如勞動者出賣他們的勞動力獲得金錢，再用於購買其他人生產出來的商品。

　　雖然此觀點對於市場抱持批評的立場，但仍將市場賦予抽象的神秘力量，市場決定了東西是否有價值，連勞動力的價值，也是由市場所決定。在全球的尺度上，市場造成了各地社會／空間不均發展的現象，如社會貧富不均／北方／南方國家，此抽象的力量，將傳統社會的團結模式以及社區經濟徹底毀滅。這種把市場視為無遠弗屆的力量，受到許多批評，其對於市場的解釋力也受到質疑。

不過近年來，透過研究不同區域、空間的市場複雜性以及樣貌，馬克思傳統的政治經濟取徑，又重新受到關注。例如美國的資本主義市場被認為是遵循完美的資本主義市場典範，德國則被認為是社會及政治組織積極介入的社會市場經濟。不過有批評者指出，此類的研究看似著重不同區域的差異，但在這些比較研究的背後，似乎仍預設著一個完美的資本主義市場的樣態，而地方的差異僅僅是文化或是制度作用的結果。晚近，受後結構主義及女性主義影響的學者則主張，我們應該完全放棄將「資本主義」視為組織人類經濟活動的唯一模式，人類社會存在許多另類的經濟實踐模式，例如團結經濟、家戶勞動分工等。這類強調多元經濟行為和文化經濟研究取徑有許多相似點，將留待後面再進行討論。

市場為社會網絡：經濟社會學的鑲嵌傳統

　　過去三十年來，經濟社會學的研究焦點大量集中在市場社會學（sociology of markets），此派反對傳統經濟學的自由市場概念，認為市場不能脫離社會以及制度而存在，例如倫敦的期貨金融市場跟非洲迦納的水果外銷市場，有著完全不同的制度以及社會條件。市場社會學認為，某種物品能在「市場」上交換，必須克服二個交易及競爭上的不確定性問題：即買家／賣家以及生產者／銷售者間相互衝突的立場。此賣家令人信得過嗎？生產者有沒有刻意隱瞞重要資訊或是提高報價？為了克服這些交易的不確定性，市場需要依賴一些市場參與者都認同的制度，以維持市場交換的穩定性。

　　不過市場社會學的分支眾多，且不同研究取徑有不同的關注面向，例如在微觀層面上的分析，經常採用社會網絡理論，市場的交換能夠達成，往往有賴交易雙方事先存在的各種信任關係。經濟社會學者利用鑲嵌（embeddedness）的概念，來解釋交易過程所涉及的各種信賴關係，簡單說，交易是鑲嵌在各種社會關係中。

　　在鉅觀的層次上，制度經濟學者指出，市場交易甚少發生在制度真空中，各種規範，包含法律、習俗等，形塑了真實市場的運作方式。例如買賣雙方

市場是展演，是社會技術組裝體

簽定契約，需有國家法律制度規範雙方的交易內容，而國家亦有能力決定某類商品是否得以在其境內銷售。

簡單來說，對於新古典經濟學而言，市場從來不是一個研究的對象，因為市場不是個問題，而是它解決了各種問題。而對於政治經濟學者而言，上述的論述正好相反，即市場造成了人類社會的問題，如社會不均等。對於社會網絡取徑來說，研究的焦點就不在於市場，而是在網絡。上述這些取徑，忽略了兩個打造市場的重要因素：經濟學知識（economic knowledge）以及物質性（materiality），這構成了第三個市場研究取向：文化經濟研究取徑。

▍市場是一場表演：文化經濟研究取向

和後結構主義者一樣，文化經濟研究取徑認為市場具有多元性，市場研究的焦點應該放在「盤算的行動者」以及「物質設備」如何參與到市場建構的過程。例如農作物，如果沒有農民栽種、盤商進行收購（或是農民市集）、物流運送、拍賣人員乃至零售商，它並不具有任何市場交換價值。在這些盤算行動者的協助之下，農作物方才有價值，因此，市場是一個社會技術組裝體（socio-technical arrangement/assemblage）。

視市場是一個社會技術組裝體，有別於新古典或是某些政治經濟學取徑的市場研究，它意謂著「市場」有多種形式，是複數的「市場們」。由於強調市場是社會技術組裝體，文化經濟研究取徑的第二個重要特色，在於凸顯非人行動者的角色。例如社會科學知識在市場建構過程中扮演的重要角色。Callon 近期的研究關注經濟學知識／經濟學家，如何對經濟活動造成影響。他提出一個疑問：到底經濟（社會科）學家是作為經濟現象的描述者，還是他們實際影響／改變了真實世界的經濟行為？經濟學知識只是單純反映了既存的事實，還是對經濟活動的創新有所影響。又例如 Mackenzie 認為，當代衍生性金融商品市場（如期貨市場）的出現，和知名的期貨數學模型「Black-Scholes 模型」，有緊密的關係。簡單來說，數學理論以及金融模型，實際參與塑造、影響了當代的期貨交易市場。經濟學知識／經濟學家，不單單是經

濟現象的描述者，他們也實際塑造及介入市場的建構。

然而，經濟學家或是經濟學模型，需要有「異質的」、「多元的」行動者的協助，否則他們的理論僅會停留在空談的階段。MacKenzie 認為，電腦的出現，對於期貨選擇權計價公式有極大的影響。在歐洲碳權市場的研究上，Heather Lovell 與 MacKenzie 認為會計學知識以及他們採用的複式記帳法，大大影響了碳權如何計算、交易以及定價的方式，並進一步創造出碳權市場。

這樣的市場研究，通稱為展演性（performativity）研究。所謂的展演性，是指「經濟學理論，要能夠積極影響他所描述的對象」。但要能實現這樣的影響，不停留在空談階段，也就是經濟學理論／模型，要能夠被完美地「表演」，需要有異質行動者網絡，包含經濟學家、電腦、數學模型、期貨交易員等的人／非人行動者，加以協助並配合演出。然而經濟學理論並非可以完美地演出，事實上，它的展演經常失敗，如 1987 年，Black-Scholes 模型的預測失準。

透過這樣的展演性理論，我們得以了解不同的農業市場，具有不同的社會—技術組裝面貌。有別於將市場黑箱化，展演性理論不事先預設市場樣態，強調隨著行動者的實踐導向，開始廣泛被用來研究農業及商品鏈相關研究中。例如，文章開頭的農機具以及田間技術，乃是組裝台灣萵苣（美生菜）外銷市場的重要面向，涉及到了特定的社會—技術實作，如：緩釋肥、費洛蒙驅蟲法、噴藥、真空預冷以及農友／出口商間的親屬信賴關係，這都有異於其他如鳳梨、香蕉等果菜外銷市場的社會—技術組成。

農業社會學者向來積極地界入社會學理論的發展。上述三派的理論，在農業社會學界近年來造成許多的論辯以及討論。雖然爭論不斷，但論辯有助於農業社會學理論的發展，且也促進了我們對現實世界的理解。

市場是展演，是社
會技術組裝體

社會科技系統中的想像與合理性

中央研究院社會學研究所博士後研究員 楊智元

▍沿著「發展」而行的國家自我認同

　　台灣到底是「先進國家／已開發國家」？或只是一個「後進國家／開發中國家」？一直是在 PTT 網路論壇熱烈討論的話題。這樣的爭論之所以常常會出現在大眾討論的版面上，在於一種根深蒂固的社會科技想像──沿著科技發展來衡量自己並且想像未來。回顧科技政策與戰後台灣發展的文獻，一項論述主軸浮現：我們該如何做才能夠追趕上西方先進國家？該如何進一步的發展自身的社會、經濟與工業？簡單來說，我們該如何進行「現代化」的重要工作？也就是說關於現代化的追求與後進國家的自我認同，形成了我們在戰後五十年內重要的人文社會科學討論的基本調性，讓「科技發展」議題居於主流地位的論調。

其實這樣的現象並不只限於台灣，韓國鄉民也很喜歡問類似的問題，也喜歡將科技發展等同於工業的進展與技術面的進步，追求一種以國家總體作為單位的「發展」與「進步」的觀點。瞿宛文將這種以「落後的羞辱感」所映襯出來「集體追趕的衝動」稱為「發展意志」。正是建立在這樣的社會脈絡之上，我們才能夠理解社會科技想像（sociotechnical imaginary）的存在——它是那些渴求、嚮往的想像，經由科技而要求「經濟發展、工業現代化、社會文化進步」，這是跨越政黨組織與社會團體藩籬的共通語言，是戰後台灣社會在進行討論、對話時，不可或缺的語言要素，也是在進行政治宣傳時，勾引民心的響亮口號。

然而，這種將發展與現代化視為理性與技術的全球性擴散的看法卻存在著誤解：不僅預設一種核心／邊陲的空間分類，還包含科學與技術制度化的全球線性與同質化進展。「科技合理性」的制度化，被認為是全球線性發展的背後推手。經由這種合理性的看法，科學與技術被認為是純粹工具性的、客觀的與政治上絕對公正的。但當我們更細緻地考察科技同時作為一種想像、一種物質安排與文化，可以發現它在全世界各地展現出非常不一樣的面貌。Thomas Hughes 以電力系統為例說明，英國倫敦、德國柏林、美國芝加哥與紐約皆展現出它們在電網系統建置上的特殊偏好；而當談到「客觀」的時候，Theodore Porter 以英國精算師的菁英間的信任、法國國家工兵在鋪設鐵道路線之公共利益的具現，與美國陸軍工兵部隊在政府部門間的競爭關係為案例，發現他們在作業中所實際操作的「客觀標準」也完全不同。簡單來說，在社會中的科技遠非它表面上的與政治、利益無關，而又機械式的公正無私，恰好相反，它是關於信念、價值與文化的，也與歷史、政治牽扯在一起。

戰後的國族—極度現代主義

科技的操作中往往流露著集體渴望的想像，而想像的內涵也常包括科技的實做應用。我們可以採用 Sheila Jasanoff 和 Sang-Hyun Kim 在 2009 年所提出的「社會科技想像」概念來理解科技實做、文化意涵與集體想像之間的關係：它是「那些較為隱而不顯、議題不特定、目標不明確、無法為政治上所問責、

較不工具性，但卻散溢四處的意義」。它是「那些潛藏於科技與社會秩序內的願景，促使著行動者的特定考量、意旨與想望。那些經由科技而支持的，透過集體層次而擁有、展演促成的，對於特定渴求未來的憧憬」。然而，我們需要了解，想像的分殊差異不僅出現在不同國家之間，同一時間點、同一社會之內也可能存在著非常不一樣，甚至意涵相互衝突的想像。

正如 Bruce Cumings 所說，台灣、韓國和日本等東亞國家被視為戰後發展型國家的成功典範，並且有著相似的發展策略。工業化是國家存在的終極目標，也是建設國族經濟的主要途徑，更重要的是，這通常藉由建立一個強大而廣泛的官僚機構和一個中央政府來達成。國族—極度現代主義（high modernism）是戰後台灣與韓國的主要社會和政治趨勢，「相信工業現代化和科學技術的部署將確保國族經濟的擴張和國家的自主性」。在此看法中，工業、科技發展不僅能夠在戰後的破敗環境中重建國家經濟，而且還會恢復國家在世界舞台上的重要性。極度現代主義由 James Scott 定義為：「一種強大的，甚至可以說是近於炫耀科技〔銳〕實力那樣的，對於科學和技術進步的自信，這包含對於生產的擴展、對日益增長的人類需求之滿足、對自然（包括人類自己）掌控的自信。最重要的是，社會秩序的設計應該比照科學的自然法則一般，依照人類社會的法則來設計。」

在 1950 年代，韓戰爆發，作為反共擴張第一島鏈的一部分，國民黨政府獲得了鉅額的美國援助。在韓戰中台灣扮演了後勤供應基地的角色，然而，國民黨政府並沒有得到美國的充分信任。張國暉的研究指出，美援的運作主要是交由一群工程師來處理。這群工程師—技術官僚在此期間成為了政權的重要代理人、不可或缺的交流管道。對於其政權來說，由工程師來處理美援而非軍事將領，一方面降低軍事政變的可能性發生，另一方面工程師意外地在戰後政治中扮演了至關重要但又「中立」的角色。科技、工業與經濟在他們的眼中，不僅是增進全民福祉的必要道路，更是在「救亡圖存」的體認下，「國族意識與救國情操」的具體表現。經過歷史發展，上述發展巨靈的想像已經成為潛藏的政治文化資源，能夠被不斷喚醒與轉化運用，普遍地成為當代政治的一環。

2009-2015 年間的能源政治：技術的規範性

社會科技想像並非憑空漂浮，而是透過系統實做中的合理性面貌不斷再現自身，這樣的分析觀點可以協助我們理解 2009 至 2015 年間的能源政治。首先，台灣媒體與政策論述上對於「缺電」印象，幾近於迷戀偏執。往往一到夏天就出現的缺電論述，經由最普通的政治論述技巧——連年重複的報導，讓人們忘記深究「缺電」到底指的是什麼意思？缺電此一詞彙有高度的模糊性，究竟是指「負載限制」？還是「工業限電」？還是大眾所恐懼的「斷電」？對於電力調度人員來說，一個比較精準的用詞是「供電緊澀」，指的是在該調度時段（以十五分鐘為單位）內電力供給與需求之間的緩衝空間變小，因此需要額外的調度措施來緩解這種「緊澀」的狀況，然而這並不能直接等同於「限電」或是「斷電」。同樣地，客戶端失去供電作為結果，也不能夠簡化地反推認為就是「缺電」造成的。電網調度是一件巧妙與精細的專業與工作，是一個分分秒秒實戰的場所。

台灣的總體用電曲線與日常生活、工作、生產作息息息相關，也有長時間上的變遷，是集體電力需求的實做軌跡。在進入工業限電之前，調度員有一系列的因應措施可以使用，而不必直接動用極端的客戶端斷電，這些措施包含臨時性減少用電措施與其他緊急因應措施，我們可以將兩者通稱為尖峰緩和措施。尖峰緩和措施的制訂、操作與實施效果，反映的是電網調度強健性的關鍵所在，是衡量電網品質的指標之一。因而，答案從來就不只是在備轉的「量」之上，也同時是在其「質」的提升，例如：增進升降載速度，大型燃氣複循環比燃煤機組快速，具有較高的調度彈性等措施。更何況多少的備轉容量是「足夠的」，是一個在地電網的問題，該問題存在技術上的詮釋彈性，有賴於在調度實務經驗中不斷檢討與修正。

再來，經由政策文件與媒體報導的論述分析，我們可以發現這段時間內有一個不斷出現的故事主軸，亦即當下的貧困缺乏與未來的富裕之對比，特別是台電在政策說帖當中強調，過往電力建設在整體現代化過程中所扮演的不可或缺角色與經驗，使得其成為對未來電力規劃的唯一當然合法人選。在

社會科技系統中
的想像與合理性

這之中，電力、能源耗用量成為經濟增長（僅以 GDP 計算）的正相關指標，是經濟發展的「推升動能」，而英國與丹麥的電力消耗成長率的下降，則被詮釋成為「脫離成長軌道」。然而，電力消費趨勢與經濟增長趨勢間關係，需詳加探討。

產業結構的組成，特別是台灣未來是否持續仰賴大量耗能產業，才能決定對於電力的消費是否追高。用電需求的推估，處理的是高度不確定的未來，而對於這種不確定的處理，應該將其不斷細緻化與考察其社會制度意涵。例如：透過像是情境與敏感度的設計，能夠以情境內參數彼此聯繫，而單一情境數值存在著高低敏感度的方式，將不確定性盡可能地具現化出來，能夠幫助大眾理解能源未來存在著多重可能性。能源未來的選擇牽涉工業生產、商業經營與生活作息等等的型態配置與組合。未來用電需求的推估與我們的集體未來高度相關，因而用電需求的預測規劃作業，不應該由台電代替社會做選擇。

最後，在當時的電力規劃中，再生能源對於備用容量的貢獻，風電與太陽能因為是以沒有定期檢討與修正的尖峰容量因子（Net Peaking Factors）計算來表現，其貢獻被低估為僅有裝置容量的 6% 與 20%。這是一個循環：沒有足夠的再生能源營運記錄與經驗，使得此項計算過於粗略，而慣例化後的計算，又回過頭來促成（enact）再生能源「不成熟」的面貌，結果被認為無足輕重，不應該設置。尖峰因子的計算是根據現行發電體系中，燃煤、核能等等現任科技所設計，當傳統發電科技輸出維持恆定（基載電源），以 85% 可用率容量來計算是沒有問題的（意即一天內 85% 的時間都能達到的輸出。此處「一天」的長度，可以根據不同評估考量來延長或是縮短，乃屬於技術—制度考量的一環），但這對於間歇性發電的再生能源來說並不公平，也無法顯示出它們支援尖峰時段（幾小時內）貢獻。由現行發電體系所衍生的尖峰容量因子，作為計算備用容量的方法，具有高度的技術政治特性，它不斷將再生能源科技促成為一項「不成熟、丑角、不可行」的科技。技術上可行／不可行的界線總是能夠隱晦地創造規範性：什麼是應該的？什麼是不應該的？

理解社會科技系統的多重可能

　　能源系統的複雜度不僅來自於其專業知識的深奧難懂，更是來自於這些技術選擇的決定，體現的不只是一種純粹的科技合理性（或許根本不存在），更是組織內操作的慣例、制度設計、機構歷史、自我認同，與對於集體未來的想像。前述的那個完全偏重於供給面考量、忽略簡化不確定性，與輕忽需求端考察與管理的電力規劃合理性，是一個綜合性的結果，而要理解其出現的背景，則不得不將它與更廣大的歷史脈絡進行聯繫。立基於戰後發展背景上，台電和「工程師」同時作為務實的行動者和國家遠見的規劃者，不僅能夠協調社會秩序，又能建立以物質為基礎的技術系統，他們具備以專業知識與操作經驗來推動心中繁榮能源未來的公共權威；一如 Brian Wynne 所說，科學知識能夠透過專家所進行的計畫、規劃作業，限縮我們看見與論述說理的公共空間。能源系統規劃的專業是一項脈絡性、文化性質的事業，如上所述，它與意涵創造、價值偏好和歷史脈絡聯繫在一起，而同時以言論論述和技術物質安排的樣貌出現。

　　對於能源系統複雜性的理解，我們必須拋棄原來利益抉擇導向的分析觀點，轉換到揭露此一霸權的社會科技想像內涵與其物質技術樣態。我們或許可以借用 John Law 所提出的本體論政治（ontological politics）概念，去探索那些可能的多重真實，去追問眼前真實性質樣態為何？它何以成真？當中所屬的「應為」意涵為何？而不一樣的現實可以如何來促成？因為眼前的現實並非命定。如果我們能進入技術與規劃的實做細節，或許它看起來理所當然而又平凡無奇，你會發現不同未來的可能性就在那裡。民主參與一直是當代台灣政治的重要價值，我們應該樂觀地相信：對於台灣能源未來與其相對應的社會─政治安排的討論，如果能夠以嘗試理解的角度來出發，深入觸及專業的決策角色、技術政治與合理性的探討，梳理社會科技想像之所以維繫的原因和出現的背景，解構技術規範性的政治，將可以協助我們台灣的民主文化更向前邁進一步。

陽明大學人社中心博士後研究員及兼任助理教授　劉清耿

台灣的汽車安全應該回歸什麼樣的市場機制？

▌一、一封陳情信，兩波公民連署

　　台灣社會分別在 2016 年 11 月和 2017 年 6 月，短短 7 個月的時間裡出現了兩波公民提案，有超過 1 萬 2 千名的連署人聯名要求交通部公開國產車的撞擊測試結果以改善國產車的安全問題，接連兩次的公民連署同時引發國會議員與媒體的高度關注，對交通部提出相關質詢。交通部直到 2018 年 11 月才公開宣示，台灣新車安全評等計畫（TNCAP）將在 2020 年實施首次新車的公開撞擊評鑑，以確保消費者在購車時有完整的車輛安全資訊可以參考。為什麼會有要求公開國產車撞擊測試結果的聲音？而後有「台灣新車安全評等計畫」呢？

簡而言之，消費者認為自己所購買的國產車並不安全。這個問題可從兩方面來看，首先，國產車的安全配備不足。約在 2008 年，歐美日等地區所銷售的新車款，陸續將 6 至 8 顆的安全氣囊及車身穩定系統等安全技術列為標準配備，從入門款到頂級款一視同仁，不因車價高低而有差別，但同時期在台灣組裝銷售的同車款卻僅有 2 顆氣囊，如果消費者想要更多的氣囊或車身穩定系統，則必須額外加價購買。

　　其次，是資訊不透明。目前歐、美、日、澳、韓、中、東南亞、拉丁美洲都已有新車撞擊評鑑制度（印度也將籌劃完成），並將撞擊結果公布給消費者作為購車參考，而台灣則缺乏相應的評鑑制度。缺少公開透明的安全資訊，使得消費者對國產車的安全性能打上問號。在當前的資訊社會中，消費者透過網路就可以同步查詢到相關資訊，因此，一旦消費者察覺差異，在「你有，他有，我沒有」的比較之下，就產生相對剝奪感，對於國產車是否安全的疑慮也逐漸湧現。

　　事實上，早在 2012 年初，就有民眾去信交通部，建議按照歐美市場的主流標準，透過立法強制車廠將 6 顆氣囊加上車身穩定系統列為新車標準配備。交通部回覆：台灣的車輛安全法規調和自聯合國歐洲經濟委員會法規，但該會並未將車穩系統列為強制配備；其次，為了滿足市場需求，車廠提供不同配備等級的車款供消費者依需求及經濟能力選購，此商業性產品區隔國內外皆同。於是，在依法論法與搬出市場機制兩套說辭之下，便打發了這封要求安全基本權利的陳情信。同樣地，面對 2016 年的公民提案，交通部仍舊是以「尊重市場機制」、「建議回歸市場機制」作為主要基調，拒絕了相關要求，才會引發第二次的公民連署。

　　市場機制是什麼？汽車安全與市場機制之間又存在什麼樣的關係呢？台灣社會推動建置「台灣新車安全評等計畫」的經驗，提供我們一個思考範例。

二、創造汽車安全標準：法規與消費者資訊

從歐美日汽車安全技術的變遷歷程來看，汽車安全技術的提升具有他律的特質。對車廠來說，每推用一項安全技術，都等同於成本的增加，也意味著增加承擔風險的責任。因此車廠往往抱持被動的態度，而車輛安全法規與消費者資訊則是規範車廠最主要的動力。

法規具有法律效力，主要用於檢測「量產前」的未上市產品，假若新車型無法通過法規檢測，則無法取得上市許可，換言之，市面上的新車都是合格的產品。目前全球主要的車安法規有聯合國歐洲經濟委員會、美國的聯邦機動車輛安全標準，日本的保安基準等。由於法規是針對未上市、處於開發階段的新車型進行檢測，如果無法通過檢測則無法上市，因此，無論是聯合國或美國，都不需要將實車撞擊的結果公布給消費大眾。此外，法規僅看檢測結果合格與否，而不會針對檢測結果進行分級，所以對車廠來說，只要能夠通過合格標準即可上市，加上檢測結果不需要公開，因此，法規雖然對車廠具備法律的規範效力，但僅止於達標、合格的標準。

相較於法規，消費者資訊是針對「已上市」或「已量產」的合格新車，再進行一次比法規標準更為嚴苛的實車撞擊，並且將評等結果公開。新車評鑑機構透過匿名的方式，到經銷商購買市面上的銷售車款，就如同一般的消費行為。之後再將所購入的車輛運送至實驗室進行實車撞擊，依據撞擊後車內假人及車身受損情況，以及測試車型所搭載的安全配備進行綜合評比，把相關數據轉化成為容易判讀的星等評價，最後將這些資料公布給消費者參考。

這套制度所擬定的車輛安全測試標準高於官方的車安法規，例如前撞速度從法規標準每小時 56 公里提升到每小時 64 公里，法規僅是最低標準，消費者資訊的基準更為嚴苛，其用意在於透過這樣的對比，針對安全做出「階序」的評鑑，呈現受測車型的安全程度。例如，歐盟新車安全評鑑協會所慣用的星等評鑑（1 至 5 顆星），美國高速公路安全保險協會以質性表述：佳、可接受、及格邊緣、差（Good, Acceptable, Marginal, Poor）等。

那麼，歐盟新車安全評鑑協會的 1 至 5 顆星的評鑑各代表什麼意義呢？

　　星等語言（1 至 5 顆星）表示的是車輛的「安全性能」，星等越多代表車輛在撞擊測試中能夠提供越佳的防護表現，以此區分出車輛的安全等級。

　　歐盟新車安全評鑑協會對於車輛的安全評鑑測試，包含了預防事故發生的「主動安全技術」與降低撞擊傷害的「被動安全技術」。前者從早期的防鎖死煞車系統（ABS）、車身穩定系統（ESC），到近來陸續普遍的先進駕駛輔助系統（ADAS）；後者則是檢視車體結構、安全帶、安全氣囊的整體設計是否能夠在撞擊中有效地保護車內的駕駛與乘客。

　　以 2019 年版的星等來說，1 到 3 顆星都表示受測的車輛並沒有配備最新的主動安全技術，像是主動煞停（AEB）、車道偏移（LDW）等 ADAS 技術，至於被動安全技術方面，1 顆星的車輛撞擊後的防護表現差強人意，2 顆星的撞擊防護表現平平，3 顆星的撞擊則達到了中等到良好的水準。至於 4 顆星則意味車輛在撞擊測試中有良好的撞擊防護能力，而且具有相關的主動安全技術可以選配，最後，5 顆星則表示整體具有良好的撞擊防護表現，同時又搭載功能齊全且性能優異的主動防撞技術。1 至 5 顆星就是所謂的分級，而分級應該具有比較的對象，其比對的對象即是歐盟所調和的 UNECE 車安法規。

　　其次，這套由星等所組成的評鑑語言，代表了兩種意義：一個是車體承受撞擊的能力，搭配固定車內乘客的輔助安全技術，例如安全帶、安全氣囊，要能夠有效避免車內乘員發生傷亡程度更高的「二次撞擊」；另一個則是搭配避撞的安全技術，必須發揮有效預防的功能。前者的表現越好（如維持充裕的生存空間），後者所搭載的避撞技術越豐富（例如自動煞停、車道偏移警示等等），且還能展現出越高的避撞能力，在兩者綜合評量後就能夠拿到更高的評鑑成績。相較於法規設定的最低標準，新車評鑑機構則建構出安全的等級標準。

台灣的汽車安全
應該回歸什麼樣
的市場機制？

三、新車評鑑機構對市場的意義：創造集體需求與產業標準

透過一系列實車撞擊的技術實作過程，新車評鑑機構創造出兩個集體效果，對消費者而言，形塑消費者的安全意識，進而產生對安全技術的集體需求；對產業而言，在各車廠之間形成對應新車評鑑機構評鑑指標的產業標準。

安全意識並非與生俱來，曾任福特汽車公司總裁的 Lee Iacocca 曾說過：「安全沒銷路」，來形容 1960 年代之前美國消費者普遍不注重汽車安全的狀況。當時如果車商推出以安全作為銷售重點的產品，讓消費者在購買新車時，可以選配安全帶等安全配備，市場的反應通常不好，消費者注重汽車的外型甚於安全。於是車廠往往能夠合理地主張，汽車安全並不是車商的責任，而是消費者沒有正確的駕駛觀念，所以安全是個人的責任而不是車商。

不過，這種情況在 1960 年代之後開始發生轉變，最為人所熟知的事例是民權律師 Ralph Nader 出版的《任何速度都不安全》（*Unsafe at Any Speed*）揭露了通用汽車旗下一款名為 Corvair 的車款，木身在設計上就存在瑕疵，無論駕駛人多麼小心謹慎，都無法預防事故的發生，這本書促使讀者開始思考車商對於汽車安全的責任，造成很大的迴響。

其後，掌理交通安全的政府部門以及對車商施予規範的法令陸續創立，例如美國有了第一個新車評鑑計畫，訴求汽車安全除了要教育駕駛人、用路人具備正確的觀念之外，更重要的是，透過新車評鑑計畫讓消費者意識到車商有責任提供更安全、耐撞的汽車。因為事故無法避免，人總是會犯錯，一旦事故發生，如何避免嚴重的傷亡，才是汽車安全最為核心的問題。

此外，總部設於英國的全球新車評鑑機構曾推動「給印度更安全的車」計畫，在 2014 年挑選了 Suzuki Alto, Hyundai i10, Ford Figo, Tata Nano, Volkswagen Polo 等五款在印度暢銷的車款進行實車撞擊測試（前撞每小時 64 公里），結果這五款暢銷車都只得到 0 顆星的評價。以 Suzuki Alto, Tata Nano, Hyundai i10 為例，這三款車都沒有將安全氣囊列為標準配備，更嚴重的是車體在撞擊之

後，潰縮的程度顯露出結構強度不足的問題，危及車內乘客的生命安全，因此，就算這些車款配置了氣囊，恐怕也無法有效地降低傷害的風險。

但當我們把歐洲市場所銷售的 Hyundai i10 的撞擊結果拿來對比，卻發現這款小車並非那麼不堪一擊，它標配了 6 顆安全氣囊，在歐洲實車評鑑中，i10 拿下相當不錯的 4 顆星評價（最高為 5 顆星）。

如果沒有針對市售的車款進行實車撞擊測試，並且將結果完整公布，我們不可能知道同樣是由 Hyundai 所研發的 i10，在歐洲與印度之間，竟然存在著如此大的安全落差。想像你是印度的消費者，當你充分地獲知在印度銷售的 i10，其安全性能竟如此不堪，無法在事故發生時提供給充足的保護，你還會有購買的動機嗎？如果有更多人和你一樣，不願意對這樣的國產車買單，會不會對車商產生經營上的壓力？車商如果要扭轉市場上的劣勢，會不會著手改善車體的結構安全及配置更齊全的安全技術？

在集體需求的引導下，安全技術就成為維持產品競爭力的重要項目，Brian O'Neill 整理美國新車評鑑機構的發展歷史，就發現當新車評鑑機構設計出比法規更為嚴苛的撞擊項目，車廠為了在評鑑中拿到高分，會很迅速地提出相應的技術解決方案，接著就普遍地應用在市售車上，例如模擬車輛打滑失控而撞擊電線桿或行道樹的側邊立柱撞擊項目實施之後，頭部氣簾這項安全技術便開始普及化。因此，他將新車評鑑機構稱為不具備法律效力，卻對車廠有實質規範的產業標準。

許多人以為如果沒有通過新車評鑑機構的撞擊測試，受測車款就無法上市，這樣的理解有誤。即便是得到 0 顆星，或評價為差的受測車，都已經是通過車安法規，在市場上合法銷售的車款，因此，沒有「無法上市」的問題，就看消費者願不願意接受。所以，新車評鑑機構最重要的精神，是透過提供充分完整的透明資訊給消費者，在此過程中解決「資訊不對稱」的問題，並且建立「提供消費者公開完整資訊→消費者產生需求→車廠因應需求提供更安全的新車→創造一個安全的市場」的循環。

四、有關市場機制的思考

回到台灣推動「台灣新車安全評等計畫」的經驗，交通部以及車廠對於「市場運作」的論述是建立在個人理性選擇、由價格機制來調節供需的自由市場模型，卻忽視個人如果要做出合宜的消費決定，必須奠基在「完整且透明公開的資訊」的前提上，而充分揭露資訊的制度，則需仰賴政府的介入。從這個角度來看，所謂的市場機制並不是由簡單的個人選擇、價格訊息、供需法則所構成，而是透過制度性安排來解決市場中「資訊不對稱」的問題。

市場的鑲嵌性（embeddedness）是經濟社會學的核心概念，在汽車安全的議題中，從歐美日運作新車評鑑機構的經驗可以得知，這些機構的經費多半來自運輸部門的預算支持，這意味著國家對於市場的運作並非放任無為；退一步言，即便市場機制真如交通部一開始所主張，由個人理性和價格機制決定供需，國家不宜介入干預，那樣的市場型態也同樣需要相對應的政治工程才得以實現。從接連兩次的公民提案連署，到宣示 2020 年即將完成建置「台灣新車安全評等計畫」，車安議題的經驗讓我們學到的課題是：市場總是鑲嵌在政治、社會與文化的制度安排中，政府的放任無為並無助於市場機制的運作。

第二篇 借貸人生

簡介「金融化」的故事及其測量　　　　　　　　　　　　夏傳位

從市場工具到社會空間：台灣證券營業廳的轉變　　　　　陳宇翔

社會金融是什麼？以及如何可能？　　　　　　　　　　　吳宗昇

欠債與還債：債務的社會學世界　　　　　　　　　　　　吳宗昇

債務與不平等的社會學　　　　　　　　　　　　　　　　翁志遠

能體會幾分街友漂泊？寫在流浪生活體驗營後　　　　　　黃克先

屏東大學社會發展學系助理教授 夏傳位

簡介「金融化」的故事及其測量

　　金融在當今的全球經濟扮演了舉足輕重的角色，舉凡生產、交換、分配與消費活動都和金融運作的邏輯密不可分。進入千禧年之後，全球經濟發生金融危機的次數更加頻繁，造成災難的幅度與影響更為深遠。究竟為何如此？而在台灣近年來從文林苑都更抗爭、大埔農地徵收、海峽兩岸經濟合作架構協議（ECFA）、服貿協議、桃園航空城到自由經濟示範區等等重大政治事件，亦都涉及了資本跨境移動與金融／土地的炒作。顯然，金融化現象並不是一個純粹學術議題，而有著重要的現實牽連。這是否意味著資本主義的邏輯在發生改變？這跟新自由主義發展有什麼關係？從哪些徵象可以知道金融化發展的程度？

什麼是「金融化」？

　　「金融化」是強調自由市場運作的新自由主義最獨特、核心的運作機制。學者 Giovanni Arrighi 研究從十五世紀義大利城邦國家到二十世紀末的資本主義世界體系的興衰變遷，就指出「物質擴張」與「金融擴張」之間有著更替的韻律：當技術與組織創新導致生產力擴張時，生產和製造帶動了資本的獲利，但是當創新下降、生產力停滯，當利潤只能指望削價的割喉競爭時，資本家會轉換到金融管道以追求更高利潤，此時也是舊的世界經濟中心即將崩潰的徵兆。

　　二十世紀晚期的「金融化」現象跟新自由主義發展，可以說是一體的兩面。後者要求國家撤除對資本的各種限制、打壓工會與提供更多優惠等，讓資本家可以提升獲利率，而脫韁的資本也轉為金融形式而不再從事實質生產的活動。

過度積累的危機

　　地理學者大衛．哈維（David Harvey）指出資本家如何透過金融，運用各種「時空替置」的策略，度過資本主義過度積累利潤率下降的手段。例如，中國的「一帶一路」戰略，就是將閒置人力與資金轉移到具未來長期收益的項目上，如基礎建設、土地和房產的投機炒作等等，以金融手段創造各種「虛擬資本」，但這存在著高度風險和不確定性，只是將眼前的問題拖延到未來而已。

　　另一種方式是透過地理擴張，將閒置的人力與資金投射到世界其他區域進行資本主義式的生產及積累，諸如外國直接投資、貿易、移民等。這同樣是以金融能力與國家武力作為後盾，也同樣是短暫治標的手段。長期而言，當新天地的資本主義也出現過度積累時，將回過頭來與先前以生產製造為主的經濟核心進行激烈的競爭，進一步惡化「過度積累」危機，實現馬克思所說的，對「絕對剩餘價值」與「相對剩餘價值」的萃取。而金融市場的異常

活躍以及金融工具的不斷創新，促使金融資本在晚期資本主義中躍居關鍵位置，則是全球協調時空替置體系的機制。

金融新秩序：股東價值

我們可以從「股東價值」概念，來了解「金融化」的制度安排和具體機制。這個概念興起於美國 1970 年代末，由於猖獗的通貨膨脹，使得公司股價被低估，固定資產的帳面價值浮漲，投資報酬率不佳。投資銀行、共同基金等外部的法人投資者首先表達不滿，要求捍衛股價。隨即這股運動擴散開來，引發眾多公司內部的權力鬥爭：不捍衛股價的公司等著被併購，經理人被撤換。於是，愈來愈多經理人主動或被迫擁抱股東價值。加上當時雷根政府減稅、鼓勵併購、打壓工會的政策的推波助瀾，「股東價值」概念遂成為主導的市場秩序。「公司」不再是擁有獨立法人地位的實體，存在的唯一目的是讓股東賺錢，分發股利和股價上漲是評價一家公司優劣存續的唯一指標。

「股東價值」概念的重大影響是造成公司經營策略的「金融化」：經理人將資源運用在達成資本市場導向的目標上，如買回庫藏股、從事併購、公司重整等等，種種策略要讓分析師相信公司努力達成股東價值最大化的目標。於是「金融邏輯貫穿企業」，現金收支的來源與去處都往「金融化」方向操作。也就是說：即使是非金融企業的經營，其現金流入愈來愈多從金融投資而來，以股利、利息、資本利得的形式出現；而現金流出也愈來愈流至金融資產、債權人或股東手上。於是與其將現金留在公司並且再投資，企業經營轉向迎合金融短線操作之需要，而與長期布局的生產時程產生衝突。

從上述的概念拿來觀察台灣的發展，根據中央銀行《金融統計月報》，直至 2013 年，台灣間接金融與直接金融的比重仍然是 8 比 2。顯示台灣企業的主要資金來源，仍是銀行而非股市；而台灣股市結構仍然以散戶居多，本國自然人占股市總成交金額比重仍然有 59%，本國法人與僑外法人加總只占41%。不過，此一數字是從非常低的起點開始（1998 年合計才約 10%），增幅已經相當可觀，且機構法人對上市公司的影響力遠超過數字所能呈現。於是，

我們或許可以推測，股東價值模式將對台灣企業經營行為的影響逐漸增強，尤其是對愈大型、愈國際化的企業愈是如此。

「金融化」程度之衡量

或許我們應該問一個更基本的問題：台灣出現「金融化」現象了嗎？問題是，要如何測量？根據 Greta Krippner 的方法及定義，可以從兩個方向來建立指標：第一是對「非金融企業」利潤來源的衡量，金融化程度愈高，非金融企業的利潤會愈來愈倚重金融管道，而不是從商品銷售或服務提供；其持有金融資產的比例也會逐漸加重。第二是衡量金融部門與非金融部門在營收及利潤上的相對表現，金融化程度愈高，金融部門無論在整體經濟分量及資本積累效率上所占的分量，將更為明顯。

從圖一可以看到，歷年來我國非金融企業之「國內金融性所得」占現金收入的比例在 2003 年以後呈現大幅跳躍式成長。非金融企業之金融性所得分別在 1989 至 1990 年以及 1999 至 2000 年都曾經出現一波小幅成長，但都很短暫，隨即又消退，最後在 2003 至 2004 年與 2007 至 2009 年兩度出現連續大幅度的成長，並再也沒有消退。在這兩種樣態中，非金融企業利潤來自金融管道的比例都有成長，但是都可以當成是「金融化」的結果嗎？

「金融化」由於來自企業經營邏輯的改變，是一種長期結構影響，比較不會受到短期股市預期心理的變化。1989 至 1990 年以及 1999 至 2000 年非金融企業之金融性所得增加，看來較可能是「投機狂熱」的結果。根據金管會證期局網站統計資料，1989 至 1990 年是台灣股市史上最為狂熱的一年，台股加權指數短短一年內上漲五千多點，成長率達 88%。非金融企業因股市狂熱而增加金融資產之持有與所得，但亦隨著泡沫破滅而減少持有與所得，這可從隔年（1991 年）股市狂瀉，非金融企業的金融性所得亦隨之下滑獲得驗證。1999 至 2000 年的情況亦然，台灣股市受到美國高科技股狂飆的影響而上漲，隔年則跟隨美國股災而重跌。可見，這兩波「金融崛起」現象是投機泡沫逐漸膨脹的結果。

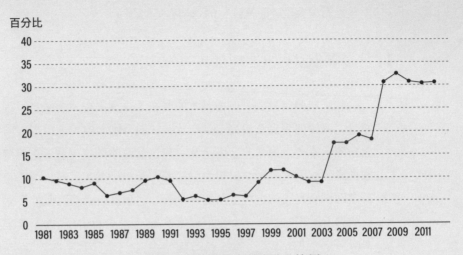

百分比

國內金融性所得占現金收入比例
非金融企業

圖一　1981-2011 年台灣非金融企業之「國內金融性所得」（表現為利息、股利和租金）
占現金收入的比例

資料來源：
1. 行政院主計總處各期《國民所得統計年報》之「所得收支帳」；
2. 中央銀行國際收支細表中所得帳之「投資所得」，包括：股利及已分配分支機構利潤、
　盈餘轉增資及未分配分支機構利潤、利息、股利、債券與票券及貨幣市場工具。全球金
　融性所得＝國內金融性所得＋海外投資所得。

　　但 2003 至 2004 年以及 2007 至 2009 年連續更大幅度的金融性所得增加，其性質便不相同。股市在這段期間除了 2002 年因前一年美國高科技股泡沫破裂而導致台股指數下跌 19.79% 之外，從 2003 至 2005 年都呈現反彈持平的局面，但非金融企業的金融性所得卻出現跳躍式增長（增加足足有 10%），不但未隨股價波動而下跌，且於 2008 年金融大海嘯導致全球股市重挫之際，再度躍升十個百分點左右，並持續保持下去；這指向結構性因素，而非景氣循環的短暫投機現象。

2003 年前後剛好也是台灣經濟結構轉型上的另一個重要轉捩點：美國電子產業跨國資本逐漸打造並鞏固了以美、中、台三角貿易為基礎的全球垂直分工體系，台灣電子產業在中國珠江三角洲和長江三角洲的產業聚落，對還在台灣的廠商發揮了極大的磁吸效應，在強大壓力之下，當時執政的民進黨政府不得不於 2002 年大幅鬆綁電子業赴中國投資限制。「全球生產分工與整合」與「金融化」兩者互為彼此的工具和目的，跨國企業要透過金融化的方式有效從事全球生產之分工及整合；反之，跨國企業也透過全球生產分工與整合來壓低生產成本，以達成「股東價值」，從而持續提升股利和股價的嚴苛要求。

　　圖二呈現了這兩者之間具有共變關係。當非金融企業的國內利潤開始大幅金融化之時，也恰好是海外投資所得大幅增加之時（表現在兩條曲線的

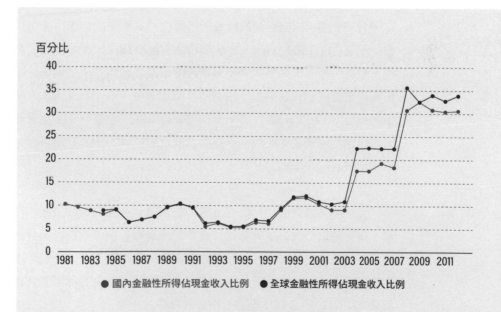

圖二　非金融企業之「國內」與「全球」金融性所得占現金收入百分比
資料來源：同圖一。

間隔逐漸擴大之上）。兩者之間的同步躍升並非偶然，也非互不相關，實則具有互為因果、相互強化的關係：一方面，利潤來源的大幅金融化很可能是生產全球化的一個側面；在利率及匯率浮動的國際金融環境中，過去跨國公司透過內部組織的方式來避險，譬如石油公司就垂直整合從上游的油田、運輸、精煉到下游的零售點等整條供應鏈來規避各種利率及匯率波動的損失。但各種衍生性金融商品的推陳出新，讓財務避險的方式大行其道，也讓生產及風險的外部化成為可能。於是許多製造業大型跨國公司如今看來更像金融公司，進行大型而複雜的金融財務操作更甚於實體生產。這一方面可以讓公司資產輕量化，提升每股盈餘，創造「股東價值」；另一方面財務避險往往是進行投機、詐騙、掏空公司資產的另一個方便藉口，美國能源公司恩隆（Enron）就是最典型的例子。在台灣也有中華電信以財務活化為名，跟高盛證券簽下一紙為期十年的美元選擇權避險合約，結果導致 2007 年財報出現高達 40 億元的未實現匯兌損失，整件事情因而爆發。

另一方面，匯回台灣的投資所得若沒有高報酬的生產事業可供投資，仍會持續停留在金融形式上。近幾年台灣房地產飆漲，跟台商資金匯回台灣不投入實際生產，卻從事金融及房地產的投機性操作有密切關係，經典案例是頂新集團透過發行台灣存託憑證所募集之資金，吃下台北 101 大樓的二成股權，再用 101 股票向銀行質押借款買帝寶豪宅，並進行味全三重廠地目變更案以興建捷運豪宅，此過程中運用高度金融槓桿，大部分是借銀行及社會大眾的錢來進行炒作。

另一個測量金融化程度的方向，是衡量金融部門與非金融部門的相對表現。圖三使用行政院主計總處《國情統計通報》中，關於各業營業盈餘項目的資料，顯示金融部門占企業總體盈餘的成長非常迅猛，一路從 1980 年代初期約一成五上下，成長到 1990 年代中期的三成多，並持續維持在此水準；而製造業則從 1980 年代中期將近四成的高峰，一路下滑至一成五左右。顯示台灣經濟的金融化確實已是進行式！

若以金融部門盈餘相對於非金融部門盈餘來看，則更是驚人。圖四顯

百分比

圖三　金融保險及不動產業相對於製造業，占企業部門總體盈餘百分比

資料來源：行政院主計總處《國情統計通報》，關於各業營業盈餘項目。

示，此一比值在 1980 年代不過維持二成左右，到 1990 年代中期已經逼近五成，2000 年以後則是稍有衰退，約在四成上下。此一水準幾乎可說不輸美國金融業的表現。這裡明白顯示，除了非金融企業的利潤愈來愈多來自金融活動之外，台灣金融部門自身也愈來愈成為資本積累的發動機，也吸引更多資本進駐。

從圖四所呈現的數據，可以證實台灣經濟「金融化」不但是實際存在的現象，而且成長速度頗為驚人。但值得注意的是，台灣企業的資金來源，有八成仍是來自銀行，只有二成來自股市。這顯示「股東價值」控制模式或許還不是台灣經濟「金融化」的主要驅動力量，而以三角貿易為主的海外生產分工，應該是一個合理解釋的原因。但到底台灣的「金融化」現象如何崛起，有待更一步深究。可以確定的是，目前對於彈性專業化，或全球商品鏈等經濟全球化概念的討論，主要聚焦在生產製造的實體面等運作層次，但對於金

融面的探討及想像則相對不足，從而所造成的限制，將是無法掌握企業以財務動機出發所做的策略選擇。

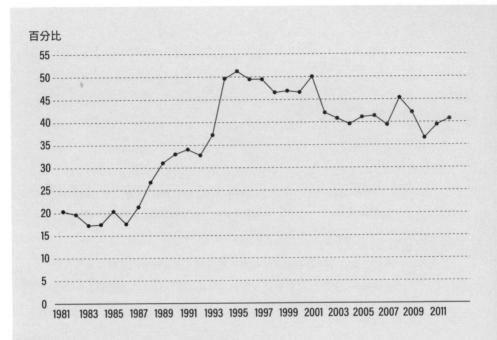

圖四　金融部門相對於非金融部門盈餘之百分比

資料來源：同圖三。

簡介「金融化」
的故事及其測量

台北大學社會學系助理教授 **陳宇翔**

從市場工具到社會空間：台灣證券營業廳的轉變

當提到「股票市場行動者」的時候，大家會想到什麼？撰寫投資建議的分析師、在交易大廳手勢比劃呼喊的交易員、在公司和客戶報告行情的營業員、專注盯著螢幕的基金經理人、電視上的解盤大師、手指頭在 iPhone 上滑來滑去的投資人？當說到「股票市場投資人」的時候，大家腦海中又會浮現什麼樣的圖像？是一位穿著襯衫西裝的上班族、或是一位華麗雍容的貴婦太太、還是一位 T-shirt 牛仔褲打扮的大學生？

▍誰是股票市場的「行動者」？

多數人想到的「股票市場行動者」都是一個一個的「人」，例如是投資人或其他市場上的分析師、交易員等，但是法國社會學者 Michel Callon 延續

行動者網絡理論，認為純粹的人類行動者已經無法稱之為市場行動者，因為在當代社會中，只有「人」與「物」結合的「社會技術組裝體」（socio-technical agencement），才具備在市場行動所需的各項能力。「Agencement」是法文，具有安排、裝配與集合、聚集的意義，Callon 使用這個字來指出，「社會技術組裝體」是「人」與「物」相互協調組裝集合。

大家可以在腦海中試著構想著一個人，想像沒有電腦可以查詢股票價格、沒有電視頻道播報即時行情、沒有智慧型手機可以電子下單、沒有網路可以來連結支付帳戶、沒有電話可以打給營業員、沒有號子螢幕可以看買賣報價、甚至沒有報紙雜誌可以知道過去的資訊……，當他真的只是一個純粹的「人」，沒有任何設備工具等「物」，請問他要如何在股票市場上「行動」？他要如何分析行情？要如何判斷市場？又要如何買賣交易？在當代金融市場與大多數其他市場的「行動者」可以說都是「人」與「物」的結合。

一些學者以「市場工具」來指稱「市場組裝體」的「物」。「市場工具」也具有能動性，它們在市場中行動、或者促使他者行動，目的即是讓事物更具有經濟性或更具有市場性。不過，英國社會學者 Mac Kenzie 強調，不同市場工具、不同社會特性人類行動者，或受到不同組織文化的影響，就會產生不同組裝體，即有不同「金融市場行動者」的型態。

粉筆黑板與電視牆：作為「市場工具」的證券公司營業廳

股票市場是台灣人最熟悉的金融市場，而證券公司營業廳（號子）則曾經是台灣股票個人投資人（散戶）最重要的「市場工具」，在股市全盛的 1980 後期到 1990 前半期，塞滿人的證券公司營業廳就是台灣股票市場輝煌鼎盛的象徵。從 1960 年代台灣股票市場（證交所）成立到現在，證券公司營業廳本身也曾經歷不少變化。

早期台灣股票市場交易採人工搓合，各證券經紀商皆安排人員在證交所交易大廳，代表客戶喊價買賣，經由場內的電話來和公司客戶連絡。交易大

從市場工具到
社會空間

廳豎立一個大黑板，上面有各個股票的格子，交易所員工會將證券經紀商代表喊價寫在黑板上，經紀商代表即可依黑板上價格交易。這個大黑板上的股票價格就是當時的即時市場行情。當時證交所與中廣合作，在交易所大廳內設立廣播室，播報員透過廣播，報導黑板上各股的資訊，直到收盤。而在各個證券公司營業廳內同樣設立一個相似的大黑板，證券公司員工按照廣播內容來謄寫營業廳內黑板，不在證券公司營業廳的投資人，則藉由收聽廣播來取得市場資訊，然後打電話到證券公司進行下單。然而，當時仍然有不少投資人偏好到證券公司下單，而非在自己家中聽廣播後，用電話來交易股票。資深投資人 K 當初堅持要去證券公司營業廳櫃檯下單：

> 在家裡就可以打電話〔下單〕，因為收音機每天播放〔股市行情〕……〔但〕有的營業員很糊塗〔會在電話中聽錯〕，〔有的〕會偷吃客戶的單子，抓到一次，因為那時候沒有電話錄音……

在 1970 年代證交所從國外購入電動行情揭示板（類似現在的籃球比賽計分板），取代了黑板。證交所人員用電動按鈕輸入證券商代表的報價，交易價格顯示在電動揭示板上。之後各家證券經紀商在營業廳內同樣設立電動行情揭示板，透過電話線與證交所的電動行情揭示板同步連線（只有延遲約 30 秒），在營業廳內顯示股票最新買賣報價、成交價給在場的投資人，成為能提供投資人最即時市場行情的工具。證交所在 1980 年代建立電腦輔助交易系統，自此證券公司透過電腦網路連線證交所，無需場內代表在證交所下單。同時透過連線，證券公司在營業廳設立的電視牆與電腦提供更為豐富的市場資訊。投資人 K 比較當時廣播與證券公司營業廳電視牆與電腦：

> 下單要怎麼下單？眼睛閉閉要怎麼下單？他要看電腦啊……廣播不就〔是〕要聽很久才〔能〕聽到一輪，一直輪啊輪，不就十分鐘才跳到，〔那時候都已經跳到〕漲停板……〔所以〕不可能，都〔是到〕現場〔營業廳〕看。

隨著 1980 年代與 1990 年代股票市場屢創新高，台灣股票投資人口短時間內大幅度成長。當時報紙專欄描述了證券公司營業廳的盛況：

台灣全球股市中，論「泡號子」的熱情，台灣股民要拿第一。早一陣且有人想出號子移師戲院的點子，冷氣強、銀幕大，讓股民泡個不亦樂乎……早到的股民有位子坐，遲來的只好靠邊站，有人帶備椅子進場，有人用望遠鏡瞄視。股民神情跟著行情揭示板走，股票漲停板，拍掌喝采，喜形於色。有人全神貫注在筆記本上逐檔逐檔做紀錄，有人嘁著嘴在計算機上的的篤篤。（《聯合報》1989 年 9 月 14 日）

1990 年代初期有線電視開始流行，轉播股市行情實況很快成為各有線電視系統必備頻道。同時期股市行情實況廣播結束，有線電視系統的股票頻道可以說已經完全取代過去廣播的功能。配合當時證券公司普遍設立電話錄音系統，大幅度改善電話下單的正確性與可靠性，許多投資人改為在家看電視，然後用電話下單。1993 年證交所股票交易全面電腦化，1997 年開放證券公司提供客戶網路下單服務。經由網路，股票市場資訊能夠更廣泛且迅速的傳播。投資人目前已可由證券公司網站、財金網站免費查詢個股即時行情、歷史資料、大盤指數紀錄等。有線電視股票頻道與證券公司自動錄音電話的組合，以及後來的網路交易系統，讓許多待在家裡、公司、學校、店面的投資人，可以從證券公司營業廳「解放」出來，一邊做家事、上班、上課，一邊從事股票投資。

「最好天天開市」：作為「社會工具」的證券公司營業廳

當證券公司營業廳在功能與費用上都無法與其他市場工具（例如網路下單）競爭之後，為什麼還是有些投資人持續使用效率較差、手續費較高的證券公司營業廳來投資呢？目前會留在證券公司營業廳的投資人幾乎都是早期就開始投資股票的。一方面，他們長期在營業廳交易而已經與這個市場工具深入連結，形塑出一種固定模式，讓他們無法習慣其他市場工具的交易方式。例如投資人 K 目前仍然堅持在營業廳做股票，他說：「有的人說在家裡會做〔股票〕，我在家裡〔就〕不會做，沒有習慣。」

另一方面，證券公司營業廳也成為一個「社會工具」（social device）與「社

會空間」，讓這些投資人可面對面的社會互動，可以一起「看盤」與「聊天」。聊天話題從某檔股票或某產業的看法、今天市場趨勢、昨晚美股收盤情況等，到小孩讀書、就業，夫妻、婆媳相處。就如同營業員 C 的觀察：

「〔證券公司營業廳〕看到很多老阿伯啊⋯⋯〔每次買〕一檔一張！那他幹嘛？就是無聊啊，打發時間。⋯⋯券商有提供咖啡，有茶，有報紙，好一點的搞不好還有提供點心⋯⋯那他去那邊的話，他可以跟他朋友見面聊天啊，就像你在公園不是會有阿伯下象棋。」

投資人 S 也是以類似的角度在看待證券公司營業廳：

「算養老地方。這個地方不錯就是，這個地方讓我們〔這些〕有年紀〔的〕來這裡坐辦公室。不然不曉得要去哪裡？不然你看一天這麼長時間。我都不喜歡放假，最好是天天都有〔開市〕最好。」

對這些投資人而言，股票市場、社會互動與營業廳（工具）相互交織，其中任一元素都與其他元素緊密扣連，難以分離，因為這已經是他們的日常生活。

市場工具會隨著科技發展而改變、消失，或是被新的市場工具所取代。在這個過程中，大多數金融市場都會持續存在、甚至變得更為茁壯。目前證券公司的主要營收都已經轉向網路下單，而維持營業廳的租金成本高昂，因此證券公司都計畫等未來這批客戶「退休」之後，將縮減甚至裁撤營業廳，過去令許多人熟悉的台灣號子場景正一步一步走向歷史之中，而由證券營業廳與投資人所共同構成「行動者」型態也將不復見於台股市場之中。

本文改寫自作者的期刊論文：〈「社會—市場」框架：當代台灣證券公司營業廳的科技、空間與社會關係型構〉，《台灣社會學刊》第 60 期（2016 年 12 月），頁 1-53。

輔仁大學社會學系副教授 吳宗昇

社會金融是什麼？
以及如何可能？

▌ 資本主義會被擊敗嗎？

資本主義早晚會被擊敗，或者資本主義是一個惡的體系，似乎在左派社會學中，是一個無需被證明的問題。從百年以來的馬克思，到近年的大衛・哈維（David Harvey），幾乎都已經預言這個體系既是不平等剝削的來源，也是抹除人類本性的經濟制度。雖然此處這樣談可能過度簡化，但不可諱言地，有非常多數的左派，抱持著這個理念和想法，而且很少懷疑過。

但有些現象也很令人不解。為什麼共產主義的國家或地區，似乎越來越少？為什麼是美國去經濟制裁北韓，而不是北韓感化美國？為什麼是「具有

中國特色的社會主義市場經濟」，而不是社會主義統一世界？資本主義這麼爛，為什麼體系越來越龐大？iPhone 都已經出到第 N 代了，為什麼公平貿易的手機沒有取代缺口的蘋果？還有，古巴棒球員為什麼一直跑到美國，在烏托邦應該很幸福啊？共產主義的查普曼（Aroldis Chapman）怎麼可以為邪惡帝國洋基投球呢？

唯一合理的解釋是，這世界顛倒了，其實我們看到的都是幻象，這一切都是資本主義破敗瓦解前的華麗虛幻。公平正義、美好的烏托邦終於會來臨的，我們必須堅守陣線，等待勝利的到來。

....

好，騙您們的。

雖然許多左派理論都認為會這樣發展，但我不覺得這一天會到來。我認為多數民眾可能在意公平、正義、自由、生活美好，但可能不在意資本主義、共產主義和社會主義的大戰。而且理念一直講一直講，老實說，有時候很痛苦，因為往往跟現實不符。如果有 100 個查普曼，請問會有多少個會留在古巴呢？5 個、10 個？市場經濟的薪資機制，對於人性的慾望還是有強大的吸引力，人才還是會因為比較利益的考慮而流動。

那麼，如何讓那些少數想要做出不同選擇的查普曼，擁有更多可能性呢？也就是說在結構層面上，除了資本主義的市場經濟外，還有哪些可能性？有無可能創造出一些保護的空間呢？從經濟社會學的脈絡來看，其實有很多替代選擇，比如說社會經濟、合作經濟、道德經濟，或者是市場經濟社會的雙重運動解釋。但目前看來，市場經濟仍遠遠占了上風。

▌資本的基本邏輯仍是獲利

最近幾年，全球很流行社會企業、永續發展目標或是循環經濟（circular

economy）等概念和作法，而且在全球各地有很多令人驚艷的案例，分別針對貧窮、社會問題、環境汙染、資源循環等種種社會問題，採取更務實的作法。在這些過程中，也鼓勵實踐者投入創新，讓經濟和社會發展有更好的平衡。但基本上，這些創新的作為，很大程度仍依賴現行的市場交換體系。

有一些批評者就說，這可能是披著羊皮的狼，掛羊頭賣狗肉。其實是資本家的另一種陰謀，這都是商業策略，為的是更多的利潤、更多的市場占有率，也可讓不同的消費者掏出錢來。

如果真是如此，而且蓬勃發展，那真是太好了！社會科學的盛世將會到來，因為企業必須聘用更多使用左派語彙的人才，社會學畢業生不但無須擔心失業，也可以要求更高的薪資，因為我們將會是獲利的驅動者。業務部門、行銷公關部門都必須配置社會學專家，哪家企業沒有社會學家擔任獨立董事都會被唾棄。

（潑冷水）

．．．．．．．．．．．．．．．．．．．．．

乖，別作夢了。擦擦口水，快醒醒。消費者沒那麼好騙，這東西也沒那麼會賺錢，多數這些議題的倡導者其實都撐得很辛苦。如果有一天，所有的企業都重視環境永續、勞動人權、貧窮問題，那就太完美了，因為企業正將理念逐步落實在經濟活動中。但現實上並不是如此，對多數企業而言，獲利仍是首要的考慮。

那如果退一步，用企業社會責任（Corporate Social Responsibility, CSR）來限制資本主義可能產生的惡行呢？當然，這會有功能，畢竟不少企業仍希望與社會環境共存。但絕大多數企業最在意的仍是獲利，以及財務上的平衡。這也是許多經濟學論點的來源，認為企業能正常繳稅、守法，以及對股東負責，就是最好的社會責任。雖然研究上有人主張，CSR 較好的公司獲利會比較高，

社會金融是什麼？
以及如何可能？

可是這種論點也受到質疑，認為這種說法顛倒了因果關係，說不定是獲利比較好，才有更多的資金投入 CSR，所以 CSR 的表現才會與獲利正相關。說穿了，CSR 的基本邏輯繞來繞去還是獲利。

資本應該產生正面力量：社會金融的誕生

但是我們可以如何看待資本與「獲利」？有沒有可能跳出左／右、金錢獲利論的框架呢？

就像前面所提到，近年來「社會企業」、「永續發展目標」、「循環經濟」、「地方創生」發展快速而蓬勃，也有不少社會學背景的人參與，但研究目前仍很稀疏。一來因為社會學以往的學術傳統，並沒有打算「跟資本合作」；二來，這些議題更強調實際的改變，而不是生產研究論述。

那有沒有什麼可能性，可以同時結合研究、批判論點與實務呢？或者是突破以往資本觀點的作法呢？

最近的趨勢是社會金融（social finance）、社會投資（social investment）與社會效益（social impact measurement）的研究。值得特別說明的是，社會金融的研究跨領域程度超乎想像。或者說，必須藉助不同專業的合作來完成任務。包括金融、會計、非營利組織、社會工作、社會學、人類學、政治學等知識的進入，以及不同部門的協做。這個路徑挑戰資本主義和資本的想像，批判只有金錢至上的資本想像，並提出具體的主張、策略及改善方式。它不是顛覆市場經濟，而是修正其運行的方式，因此也更能被商業界所接受。

社會金融等概念，不僅是金融技術，也是對貨幣、資本流動的思考框架和意識形態的改變；它不是以獲利和賺錢為優先目的，而是追求更大的社會效益；它同時包含了批判觀點的引進，以及技術和運作機制。這個路徑認為，社會企業或是非營利組織的營運，一方面應該在財務上永續經營，同時也能適應不同的組織條件，建構適合的資金運用系統，達成原先所設定的社會目

標。當然，不傷害環境和勞動人權是基本的要求。但社會金融等系統因為引進不同領域的觀點，因此目前並沒有固定的公式，僅能在資金來源、財產形式、會計系統、社會效益等幾個程序上有大概的共識。

　　具體的例子如：非營利組織的運作系統該如何建立？非營利組織有相對應的會計財務系統，不同的行政法規，而且有其特定的社會目標（例如：協助街友、社區、單親婦女、債務處理等等），因此財務來源可能包括捐款、政府契約、產品收入、企業合作等。至於社會效益，以及該社會問題是否有緩解，就需對服務對象以及利害關係人進行短則一年、長則三至五年的追蹤調查，才能看到是否有成效。從社會投資的角度看，也可與政府投入、企業慈善等資金相比較，以找出更好的運作結果。

▎社會學的新戰場

　　在這套體系中，我認為社會學知識較佳的切入點在長期效益評估，以及對資金運用長期合理性的成效調查。以研究術語來講，就是使用結構面分析、貫時追蹤效益，並提出可行性較高的建議。相較於其他領域，社會學專業的強項是紮實的研究法訓練、社會問題的結構性理解，還有對資本市場可能造成傷害的防禦敏感度。

　　說來簡單，但實際進入現場動手做，完全就是一個心智折磨、瑣碎的過程。畢竟以往在學院內，多數強調學術研究上的耐心和技能，很少讓我們認識到人生就是不斷出現問題和解決問題的重重考驗。研究上論證成功的論點，在實際運作中卻不一定有用。

　　但整體而言，社會金融的路線跟以往討論資本主義的論點有所差異。第一，從這個路徑來看，資本不完全是負面的，也不僅是企業或個人才能擁有。政府的投入也是資本、捐款也是資本，都是貨幣投資，關鍵是如何引導出較佳的社會效益；第二，意識形態固然很重要，但更重要的是原本被宣稱的理念、使命是否能真正被落實在生活中，因此也才會更強調對於效益的追蹤。

社會金融是什麼？
以及如何可能？

最後，我認為社會學應該在這個領域扮演更積極的角色。比如說何謂「較佳」效益，有些特殊的問題必須看歷史脈絡而定。如捐助某些社會運動或非政府組織，在當時也許是荒誕、叛逆、不符合效益的行為，但經過十年、二十年後來看，可能是無比巨大的人權、正義的正確判斷。這些特殊問題的視野和處理方式，我很驕傲地認為，社會學提供了強悍又值得尊敬的裝備，可以運用在我們需要持續努力的戰場。

延伸閱讀

1.　Alex Nicholls, Rob Paton and Jed Emerson eds., *Social Finance*. Oxford University Press, 2017.
2.　Fernand Braudel（布羅代爾），《資本主義的動力》，楊起譯，香港：牛津大學出版社，1994 年。

輔仁大學社會學系副教授 吳宗昇

欠債與還債：
債務的社會學世界

▌債

　　在討論「欠債」之前，我們需要先釐清幾個詞彙，以方便理解債務在不同脈絡下的意涵。

　　這幾個詞彙分別是貨幣、資本和債務。簡略來說，貨幣就是生活中交換的金錢，像是鈔票、銅板這類的東西；資本，是一種「繁殖錢的錢」，比如工廠的投資、對自己教育的投資。當然，現在也會將生產性的事物視為資本，比如說文化資本；債務呢，是一種虧欠的關係，可以主張並要求某種義務、

物品或貨幣。舉個例子，欠同學 50 元、跟銀行借 5 萬元，就是金錢的債。至於社會關係的債，那就多了。最常聽到的像是「出來混，總是要還的」、「我上輩子欠妳／你的」，這是指互惠關係的虧欠。

債的道德矛盾

回到歷史脈絡中，「債」既是道德的主張，也是社會關係的表現。在人類學家格雷伯（David Graeber）的《債的歷史》（*Debt: The First 5000 Years*）書中就挑戰了債務的道德關係。比如說「欠債的人一定要還錢」，但這個主張是不是完全對呢？

格雷伯認為這是雙重的道德混淆。第一，借錢的人要還錢，這是再簡單不過的道德問題；第二，習慣借錢給人的高利貸債主是邪惡的。這兩項宣稱其實非常矛盾，一方面我們罵債務人，另一方面也罵了放高利貸的人。但高利貸業者往往利用第一項原則，將「債務轉換為義務」，如此就可以合情合理地討債了。

社會債務

債務只有錢嗎？

生活中，我們有無數債務。父母的養育之恩、朋友的情義相挺、陌生人的無私幫助、紅白包的有來有往、感情的虧欠……。隨著關係延伸，我們也會欠朋友、欠父母、欠天、欠地、欠世界，我們必須盡力取得平衡（償還），以修補這些社會關係。

這些根植於人類的「社會債務」，於生活中無所不在。比如在一般互動中，大家有來有往，均衡互惠下的關係才會長久。因此也可說，社會關係的不平衡和社會義務，就是債的一種形式。

經濟與道德關係的偷渡

格雷伯認為人類的經濟關係有三種主要的道德原則，分別是共產原則、交易原則和階級制度。

上述原則可能同時出現在人類社會中，不同的族群有不同的思維模式。他認為的共產原則，更接近共享、共有資源的概念，與一般刻板印象的共產主義有所不同。至於交易原則，反而更能消解雙方的「債務」。透過價值物件的交換，交易雙方債務會打平，但在交易過程中會假裝有某種社會關係（例如：歡迎光臨、噓寒問暖）。階級制度則以慣例方式運作，範圍從最剝削到最慈善都有可能。譬如國王或貴族有完全的施捨，但也可能出現完全不合理的稅制徵收。

一般說來，我們不太會混淆不同經濟關係的道德原則。比如說，父母不會叫子女簽下債務表，要他們日後依照數字償還；去百貨公司買東西，領完週年慶禮物，我們不會誤解對方是朋友，之後回禮給百貨公司。

可是在現代社會的市場交易中，許多放貸者往往偷渡道德關係，利用道德混淆的過程，創造出商業的利益。

最典型的例子是：高利貸業者主張「欠債還錢、天經地義」，將這道德觀套用在負債者身上，以強化債務人的義務。一旦債務人無法償債，他們也不會顧及對方的生存條件，而會無情地直接以法律或暴力的方式處理。放款者會刻意忽略「不合理」利息的道德性，以各種非法催討的手法，對自己的「不道德」視而不見。

有趣的是，利益（interest）這個字眼也是利息，利息原本是要補償放款人在其他地方可得到的利潤。但在歷史的演變過程中，收利息變成再自然不過的事情。中世紀之後，債務開始有了契約式的安排，並交由國家機關來執行法律，透過法律系統把這個「罪名」確定，放款者甚至只要有聰明的規劃，

就可以輕易讓讓負債者入獄。

因此，現代社會中債務的罪名與道德秩序完整化了，放款者同時擁有了道德和法律的正當性。

債的全球化

格雷伯認為在工業革命、美國革命、法國大革命之後，資本主義取得驚人的進展。這個體系能對自由流動勞工有效率地配置使用，加以剝削，加上各種金融體制的建立，對利潤無止盡追求的精神，又有民族國家帝國的軍火、奴隸和毒品的交易系統的加持，使它在十九世紀後取得了全面的控制權。緊接著，為了戰爭需求，國家必須發行公債。當國家不斷擴張時，債務也就越來越多。美國因為戰爭與軍事化的過程，後來成為最大的債務人。美國的全球化擴張，基本上就是由不斷膨脹的債務支撐的。

1990 年代後，無現金的信用卡金融體系建立。而美國信用卡最偉大的一項勝利，就是取消了對「利息」的法律限制。不斷花錢、賺錢、借錢、找錢填債，這一系列的循環造就了消費經濟的基礎，也讓亞洲生產國家賺進大把銀子。但這些國家也是美國債券的主要購買者，包含台灣、日本、韓國以及不斷強大的中國，都「購買／進貢」大量的美國債券。

如果沒有這些「債」，這個經濟世界將缺乏繁榮和快速前進的動力；如果沒有這些天文數字的債務，甚至現在的歷史也會完全不同。諷刺的是，身為最大的債務人，政府卻不太需要背負道德上的指責。

在日常生活中，債的必要性也逐步產生。「金融自由化」、「日常生活的金融化」，方便的支付工具讓人們花錢越來越簡單，越來越快速。每個人也必須將自己視為一個「企業」，對自己的「財務規劃」要理性而有長期規劃。這種新自由主義的意識形態，幾乎成為所有事情的指導原則。而窮人或那些被歸因為「自我放縱」的人，則因為還不起錢而必須背上「負債者」的原罪；

學貸、生活的種種貸款迫使他們必須破產，用生涯的後半段來償還債務。

2000 年迄今的故事，大家應該就更熟悉了。連動債、次級房貸，以及各種「債務／風險」被包裝成不同的商品，不斷連結各種財務槓桿。泡沫破滅後，受苦的卻多是中下階層，多數人莫名其妙地被牽連進來這個體系。

結局是，在這個時代，不管我們願不願意，都已經捲入債務的綿密關係中。生活中的社會債務計算，已經抽離人類生活的脈絡，更多是用價格來計算，而不是人與人的價值。但是，這樣對嗎？

占領華爾街：債務不應壓迫生命

廢話，當然不對。對於高利貸業者的道德偷渡，以及壓迫到生命的債務催討當然不對。但這並不是說欠債就不還，而是應該讓負債者能生存，重回社會好好的活下來，這樣可以還給社會更多。可是這種觀念並不容易被接受，特別是對擁有債權的放貸者，因此全球展開了一系列的反抗。

2011 年的占領華爾街運動就是這股反對力量的集結。那時《債的歷史》英文原書剛出版，格雷伯旋即成為這場運動的精神領袖。透過「匿名者」的助力，從「99% 對抗 1%」的占領，迅速蔓延成「一起占領」的大規模運動，擴散到全球數百城市。在台北，則是占領 101 大樓。這場運動的訴求是金權政治、貧富差距，以及債務的剝削和支配。美、英學貸問題遠比台灣嚴重許多，因此這議題讓全球大學生們熱血沸騰。一直到現在，「打擊債務」（Strike Debt!）等網站和學貸的議題仍持續運作。

亞洲的債務對抗運動：不是不還錢，是合理的還，公平的還

在占領運動的前一年，台灣方面已經由簡錫堦先生、林永頌律師組織許多卡債族成立了「卡債受害人自救會」，我也有幸參與其中。實際上，2006 年卡債風暴時，就有許多社會運動組織投入支援，之後《消費者債務清理條例》

在 2008 年開始實施，透過法律扶助基金會許多熱血律師的投入，讓許多債務人重新看到希望。自救會的主張並不是不還錢，而是合理的還，公平的還。

亞洲地區的債務對抗組織交流的很密切，特別是台、日、韓的「東亞金融受害人交流會」，到現在已經運作至少十年。日本的債務打擊運動經過三十幾年的發展，已經逐漸轉型對抗貧窮的運動，並提供生活貧困者各項支援。

韓國對抗債務的運動（Jubilee）則發展得相當出色，他們延續禧年債務聯盟與資本主義對抗的精神，主張不公正的債務應該要被取消，同時也要積極面對貧窮問題，特別是發展中國家所遭受的剝削和不正義的對待。韓國「民主聯合經濟會」還成立 Jubilee 銀行，實踐類似宗教意涵的禧年債務赦免，從 2015 年成立至 2018 年間共消滅了 38,046 人共 6,303 億韓元的債務。他們與債權銀行談判，購買債權然後銷毀，希望債務人脫離奴隸的生活，讓人生重新出發。他們的資金多數來自一般平民捐款，展現了不可思議的生猛活力。

另外，台灣在學術研究方面也往前推進。2017 年由黃應貴教授、鄭瑋寧教授編著的《金融經濟、主體性、與新秩序的浮現》一書，討論台灣的新自由主義、金融化和金融主體性的現象，其中包含債務的社會傷害性討論。此路線主要由新自由主義切入，整理金融、債、金融主體性、金融資本類型的要點，是金融社會學、新自由主義、經濟人類學和經驗研究的集大成作品。鄭瑋寧教授的〈資本的幽靈、分裂的主體〉一文，從人類學家細膩的人觀展開描述，提供關於債權人與負債者關係的演變，很值得一讀。

▎生命不只是活下來而已，必須給出希望

關於債務、社會階層、生活狀態的研究，目前全球仍十分稀少。批判不合理金融體制的論述很多，但完整的替代方案卻很缺乏。

以目前台灣為例，十五年前的卡債風暴，其引發的社會問題仍沒有結束。在 2006 年引起數百人自殺，到現在仍有數十萬人「避債」，過著四處飄盪的

地下經濟生活。一旦這些人陷入經濟生活危機時，危及的將是一個生命、一個家庭，以及其他社會問題。同時，台灣面臨的不只是卡債，還有學貸、年金、國家公債……。我們並不知道所有的解答和處理方式，但唯一能確定的是，不應該把上一代的債務丟給下一代。年輕人應該擁有更好的生活條件，以及不被債務壓迫的環境。

相對於社會學對所有不平等的分析，我們也有義務檢視各種金融制度，分析不公平的結構，勇敢地挑戰債務、貧窮這些社會議題，找出更好的解方。就如同格雷伯所說：「我仍然必須強調，對一個真正的人來說，只是『活下來』而已一點也不夠。生命也不應該只是這樣而已。」

延伸閱讀

1. David Graeber（大衛‧格雷伯），《債的歷史：從文明的初始到全球負債時代（經典增訂版）》，台北：商周出版社，2018 年（2013 年）。
2. 黃應貴、鄭瑋寧主編，《金融經濟、主體性、與新秩序的浮現》，台北：群學出版社，2017 年。

輔仁大學社會學系副教授 翁志遠

債務與不平等的社會學

當前的台灣社會，由於高齡少子化的情勢愈益險峻，加上物價漲幅屢創新高，經常性薪資倒退十多年已成既定事實，不論朝野皆能感受到一種「又老又窮」的集體焦慮。當政治人物與一般大眾的目光始終聚焦於薪資與財富之上，另一個反映個人與家庭經濟安全的重要面向：債務，卻仍未能受到實務界與學術界應有的重視。

根據央行資金流量統計顯示，台灣家庭負債占國內生產毛額（GDP）比率長年維持在 80% 以上，台灣家庭的總負債餘額也逐年增高（參見圖一）。從

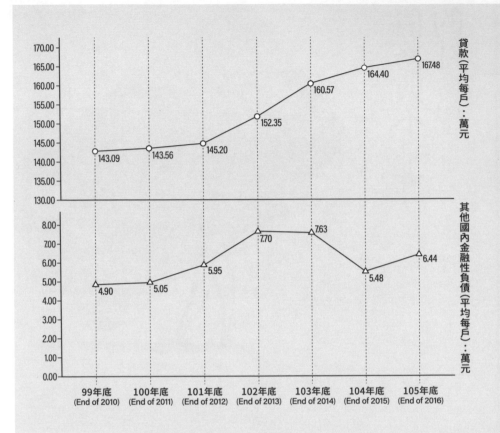

圖一　家庭部門平均每戶負債趨勢：2010-2016

資料來源：國富統計，表 7 家庭部門平均每戶與平均每人資產負債，取自 https://www.stat.gov.tw/ct.asp?xItem=42688&CtNode=658&mp=4（更新日期 2018 年 4 月 30 日）。

1990 年的 2 兆、2000 年超過 8 兆、2011 年突破 13 兆，至 2017 年底，台灣家庭部門借款餘額更成長至 15 兆元，相當於全年 GDP 的 86.07%，借款用途以購置不動產為主（63.56%），其次為週轉金借款（33.80%）。值得注意的是，由於借款期限較短之週轉金借款較前一年增加，2017 年的家庭部門借款餘額年增率由前一年之 2.97% 上升至 4.77%，家庭部門借款還本付息金額對可支配所得總額比率由前一年的 47.16% 上升至 48.34%，顯示國人近年來的短期償債壓力明顯攀升。

社會經濟地位之外：授信與債務的多元複雜性

　　傳統上用以測量社經地位的指標不外乎是收入、教育與職業，或以這三種指標的不同程度組合。近來多有研究者認為，傳統指標可能低估了不同社會群體間在實質財富與財務安適感上的差異，因而建議探索其他測量、概念化社經地位的可能性，包括主觀社會經濟地位、經濟困頓、債務、資產與財富。其中一個缺乏深度研究的財務面向，就是消費授信（consumer credit），包括信用卡、現金卡或各式小額信貸等。

　　授信與債務就像一體的兩面：在新自由主義浪潮下，授信彌補了日漸不足的社會安全網，並提供寶貴的資源以應付人生各階段中種種可預期與非預期的難關；另一方面，經由授信所產生的債務，尤其是具有高利率的無擔保債務，卻也可能造成未來償還時的重大負擔，並排擠其他可能的投資而延緩了資產的累積。因此，若以比較粗略的方式二分，債務也有好壞之別：所謂的「好債」，通常可用以轉化為資產（如：房貸）或可用於對人力資本的投資（如：學貸），其特色是利率較低，償還時間也較長。弔詭的是，要能得到這種可欲的債務，還必須要以良好的信用紀錄與具有價值的資產或抵押品為前提。

　　相較之下，所謂的「壞債」，如信用卡債或小額信貸，不僅利率較高，一旦延遲償付，就會招致財務上立即的懲罰（如：違約金或循環利息），甚至法律責任（如：強制執行）。「隨辦隨好」、「無須徵信」之類的口號，通常就是「壞債」的同義詞，因為「壞債」的授信門檻通常很低，也很適合應急之用，但長久下來卻會造成沉重的負擔。總而言之，不同債務所帶來的影響與後果大不相同：而一般人的債務組合不只反映出社會階層分化的結果，更能進一步鞏固或維繫那些可以取得好債者和只能取得壞債者之間的不平等。

　　2018 年 Rachel E. Dwyer 的回顧性文章〈授信、債務與不平等〉（Credit, Debt, and Inequality），透過不平等觀點進行研究三個重要主題：第一，授信與債務如何形塑社會的融合與排除；第二，授信與債務對於生活機會的影響；第三，授信與債務作為壓迫性社會關係的來源。

授信與債務擴張的制度與結構脈絡

作為當代資本主義經濟領頭羊的美國，早在上個世紀初即走向「授信一福利國家的折衷」，也就是以金融化手段逐步取代政府對於居住、教育與社會保險等等的公共補助，引導個人在授信市場中尋求基本需求的滿足，並鼓勵大量消費以促進經濟的成長。這樣的趨勢到了 1970 和 1980 年代間，更受到新自由主義意識型態的推波助瀾：金融去管制的政策給予銀行更多權力去操控利率，使得放款更為有利可圖；再透過「證券化」的方式，將其風險向外部分散，從而更肆無忌憚地對消費者提高授信。舉例而言，隨著政府日漸削減對於公立大學及就學學生的補助，加上學費水漲船高，導致二十一世紀之後，有愈來愈多的學生揹負高額學貸。另一方面，雖然金融去管制使得傳統上本來無緣取得消費授信或房屋貸款者，特別是社會經濟地位較為弱勢的群體（如：少數族群或女性），現在也能輕易借貸，但這些弱勢群體往往被所謂的「信用計分」界定為高風險群，因此必須承擔更為嚴苛的借款條件，例如：還款期限更短、利率更高、違約懲罰更嚴重等等，如此一來使得社會歧視、社會排除與社會不平等以一種更加嚴重、卻非顯而易見的方式持續存在於授信市場之中。

台灣利率自由化的歷程，始於債券市場（1974）、貨幣市場（1976），及外匯市場（1979）的次第建立，1989 年 7 月再修訂《銀行法》，一方面允許民營銀行的設立，開放金融市場給新的競爭者加入，另一方面銀行利率完全自由化。1991 至 1992 年期間，再核准十六家新銀行設立營運，也核准信託投資公司、大型信用合作社及中小企業銀行可申請改制為商業銀行，致使商業銀行家數倍增。然而，在 1999 年 7 月亞洲金融風暴之後，銀行逾期放款上升，企業金融業務緊縮，銀行遂轉移重心至消費金融業務，尤其視信用卡及現金卡業務為獲利的「金雞母」。由於各發卡銀行業務競爭激烈，為擴大占有率而簡化審核方式及徵信流程，甚至透過廣告鼓吹消費者以卡辦卡、以債養債。浮濫發卡結果導致授信過度擴張，銀行卡債逾期金額也因此激增。

夏傳位在 2008 年所著之《塑膠鴉片：雙卡風暴刷出台灣負債危機》一書

債務與不平等的
社會學

中指出，台灣的雙卡債務問題，起因除了早期消費金融體系充斥著人為操縱、遊戲規則充滿陷阱，工作彈性化與薪資停滯亦助了一臂之力，使得在消費成熟的高風險社會中，來自底層「高風險家庭」借錢週轉的需求，始終強勁，信用卡仿若成為彌補社會安全網破洞的最後一道防線。吳宗昇在 2011 年所發表的〈讓他們，重返社會！卡債族的研究進程與議案〉與〈雙卡債務協商模式與不對等情境〉兩篇文章中亦進一步說明，商業金融體系最初多以類家庭（quasi-family）的訴求，取代以往「以物為信」、「以人為信」的社會信用機制，提供便利而隱密的消費和借貸方式，相較於其他門檻較高（如：抵押貸款）或有可能家醜外揚（如：親友借貸）的週轉方式，雙卡似乎成為救急的首選。其次，以「夢想實現」、「自我主體實現」包裝的大量廣告，也使得消費者的金錢使用觀與客觀經濟條件產生脫節，雙卡債務的積累因而節節高升。最後，消費者可能因為疾病、意外、過度消費、貧窮借款等多重因素形成債務，但由於社會網絡的支持有限，面對銀行提供方便的消費借貸工具，只好選擇債信的二度擴張，也就是「以債養債」、「以卡養卡」，將債務集中於銀行並隨之擴大，造成規模倍增的金錢缺口。這也說明台灣的負債案例雖然也是多重起因，但卻有債權人集中於銀行的特殊現象，也就是銀行經常扮演「最後放款人」的角色。

授信與債務對於生活機會的影響

債有分好壞，不同類型的債務，對於個人生涯發展或身心健康的影響，在方向和強度上並非一致，研究時必須加以區分並個別測量。在當前更為私有化與金融化的二十一世紀，研究的焦點多集中在無擔保債務，特別是學貸與消費性債務的負面影響。首先，學貸的影響具有高度的異質性，大致上取決於學生本身的社會人口特徵與貸款金額。一般而言，最惡劣的結果往往出現在那些申請學貸之後，最終卻沒能完成學位者的身上，而這正是制度的弔詭之處：學貸最初是為了那些原來沒機會進入高等教育的社經弱勢者所設計，但學貸的風險卻反而不成比例地由這些人來承受。其次，有不少證據顯示無擔保債務可能會延遲購屋、結婚、育兒，乃至於退休的時機，伴隨而來的壓力也會進一步導致身心方面的健康問題，而上述的負面後果同樣大多集中在

負債金額愈高者以及弱勢的人口群體之中。

以台灣的「社會變遷調查」進行分析，也能發現債務與生活福祉及身心健康產生顯著的關聯。例如，根據 2016 年蔡明璋、蔡瑞明與國外學者的研究，債務對於幸福感與健康行為具有直接的負面效果，而來自親人的財務援助可以緩和債務的負面衝擊，但朋友與銀行的財務援助卻反而會製造出一個債務陷阱，更進一步降低生活滿意度與自我概念。另一方面，2017 年翁志遠發表一篇名為〈賠上身心健康的信用卡債務：中介影響路徑之探查〉的研究則發現，當債務之中未包含信用卡或現金卡的欠款，對於身心的影響可說微乎其微。但當個人借貸之中包含了無擔保、高利率、以提供日常生活消費所需為特徵的信用卡或現金卡債務時，對於個人在身心兩個層面上的健康皆會產生負擔。進一步的中介分析則顯示，相對於無債務以及其他類型（有擔保）的債務，信用卡或現金卡債務，更有可能透過心理憂困的增加，從而導致生理失調的提升，也就是以一種先心理後生理的方式對個人健康造成損害。

授信、債務與壓迫

授信擴張的同時似乎也降低了法律與道德的規約，許多金融業者開始將目標鎖定在弱勢的人口群體之上，視其為獲利的主要來源，並機巧地利用法律以及國家公權力，以欺瞞、強制的方式，針對經濟弱勢者設計極為不公平的合約進行掠奪性放貸。這些名目不一而足的小額信貸，雖然有助於解決燃眉之急，長久下來卻可能造成依賴的惡性循環，以及居高不下的利率、手續費與違約金。而大量的逾期債務也孕育出另一種債務催收的生意：有些人以極低的代價向銀行買下陳年的呆帳（長期無法回收的債務），再以債權人的身分找出欠款者向其索討原始金額，以賺取中間的價差。債務催收的手段常涉及暴力脅迫，甚至透過訴訟以合法的方式啟動強制執行的程序，使得國家無意間成為壓迫關係中的幫兇，並扮演了再製不平等的重要角色。

在台灣的授信市場中，社會排除與壓迫關係也屢見不鮮；而社會排除與壓迫關係的發生，也意味著特權現象與「馬太效應」的同時存在──《聖經．

馬太福音》：「凡有的，還要加給他，叫他有餘；凡沒有的，連他所有的，也要奪去」。銀行一方面向權貴卑躬屈膝，讓頂新魏家以高達 99% 的房貸成數購買知名「帝寶」豪宅；另一方面，單親媽媽莊明玉以 270 萬標下銀行申請法拍的房子，並將僅有的積蓄 45 萬拿去繳納保證金，後來才發現房子為「凶宅」，向六家銀行申貸，全遭拒絕，最後轉向原申請法拍的銀行求貸，再次遭拒。莊明玉被迫棄標，法院必須再拍，卻在註記了「凶宅」之後只拍得 231 萬，莊明玉多年的積蓄 45 萬不僅泡湯，甚至還被銀行強勢要求賠償兩次標金的差額 39 萬。此事一經媒體披露及金管會介入後，銀行才認錯道歉，並同意自行吸納須向法院補足的 39 萬元差額。值得一提的是，台灣當前的掠奪性放貸在納入了詐騙的元素之後，宛如產業升級一般，更教人防不勝防，例如：以「刷卡換現金」為訴求的假消費真借款。但唯一不變的，還是鎖定需錢孔急的社經弱勢族群作為掠奪的主要標的。

▎期待開展「債務與社會經濟地位」的新研究

　　儘管台灣當前的家庭債務水準逐年攀升，但國內的社會學研究在測量與分析社經地位時仍多侷限在傳統的指標之上，少有將授信與債務等更為豐富的概念納入考慮。因此，Douglas Hartmann 和 Christopher Uggen 在 2015 年所編的一本名為《Owned》的書中，特別鼓吹一個專門探討「債務與不平等」的社會學次領域，也就相當值得我們借鏡。在此也向國內學術界呼籲，未來應該可以將不同類型的債務狀況列入一般調查研究中的基本問項，以補充傳統社經地位指標之不足，最好還能透過長時期的追蹤調查以獲得跨時間、跨世代的數據，以利探討不同類型的債務對於成人身心福祉變化，以及兒童／青少年身心發展之影響。

延伸閱讀

1. 伊莉莎白‧華倫（Elizabeth Warren），《不大好笑的人生：伊莉莎白‧華倫卯上華爾街的真實故事》，卓妙容譯，台北：早安財經，2018 年。

2. 傑克‧哈爾珀恩（Jake Halpern），《追債人：金融高層 × 持槍搶匪，從華爾街到地下社會的駭人黑幕》，曹嬿恆、廖育琳、張家綺譯，台北：商周出版社，2015 年。

台灣大學社會學系副教授 黃克先

能體會幾分街友漂泊？

寫在流浪生活體驗營後

　　曾經歷所謂經濟奇蹟的台灣社會大眾，普遍相信個人只要肯努力就能改善物質環境，因此對於露宿街頭的無家者（也就是俗稱的「流浪的」、遊民、街友），許多人先入為主認定「就是成天無所事事，好吃懶做；若是肯努力，也不至於流落街頭」。

　　然而，除了個人因素，經濟弱勢者之所以陷入無家狀態難以脫離，很多時候整個大環境結構因素關係更密切，例如經濟結構轉型因素，因為製造業外移而失業、無家者缺乏新增工作機會所需要的特定技術及教育等；租住屋政策及市場狀態不利的因素：社會住宅匱乏、弱勢租屋成本高及隱性歧視的情況；社福體系照顧不足：對無家狀態認定相對嚴格、資源多挹注在解決後端急難問題等。社會上對無家者普遍避之唯恐不及，公權力很多時候以維護

市容為名來驅趕他們、丟棄其家當,將他們視為都市之瘤,讓無家者的生活處境更艱困。

　　為了讓人們對底層生活有切身的認識,台灣芒草心慈善協會在 2014 年起便持續舉辦流浪生活體驗營,其目的是想透過雖短暫但切身的流浪體驗,使更多人理解底層生活的各種艱難,包括社會汙名、露宿的折損、工作辛苦及機會有限等,希望藉此讓社會能對無家者有更多的同理及肯認外,也倡議對他們更友善的住宅、社福及重分配政策。某個秋後週五下午,我便參與了這樣一場活動。

　　活動的第一站是位在台北市大同區錦州街的救世軍協會。抵達後,馬上有幾位工作人員用心地遞上各樣生存配備,也拿走了我皮夾及各種準貨幣。身無分文的情況下,到了晚餐時間,只能等待善心團體救濟,我拿著救世軍發的號碼牌拿到了我在體驗營的第一餐。隨後移步到附近的公園用餐。當時我們開始大口吃飯時,就看見我們的無家者導師沒拿便當,退到一旁,在我們好奇詢問下,導師元瑞娓娓道來他流浪生活中「吃」的人生哲理。他說,今天我只能吃人家給的排骨飯,那如果我想吃雞腿飯呢?流浪兩年的他,自豪地說他就算再餓也從未去拿人家給的便當。「餓,就會有動力去賺」,愛看電影的他還引用《侏羅記公園》的經典名句說:「生命會找到出路。」他說自己拿了錢,愛吃什麼就吃什麼。他繼續說:「一旦你伸了手,你的『格』就沒了,身上也會散發一股要飯的氣息。像我,在龍山寺和其他人蹲在那裡,人家在發便當,發到我就會跳過,為什麼,因為我看起來就不像嘛。」

　　吃過飯,正式開始流浪生活。我們今晚暫定的露宿地點是台北車站。為了省錢,雙腳是前往目的地的交通工具。於是,我們自捷運民權西路站一路向南走,一路上,漸漸發現元瑞的步伐愈來愈緩慢,不時還從口袋裡掏出一瓶參茸藥酒喝。問過後才知道,兩年前元瑞在工作中不慎摔斷了腿,除了行動不便之外,還常會隱隱作痛,因此才喝藥酒緩解。元瑞問:「今天從一大早就趕趕趕,是要趕著去哪裡啦?流浪是沒有目標的,沒有在趕的啦。」說完,就在昂貴的日本料理店前、人行道旁席地坐下,接著說:「無家者時間

多，沒事就是看人走來走去，看一些『腰束、奶膨、屁股翹』，這樣生活不才有趣嗎？」人來人往之中，多少打扮時尚的青年男女趕著週五晚間的歡聚，看著我們這些坐在人行道上的人，他們多半裝作無視，有的年紀較長的人則會端詳個半天。

抵達台北車站後遇見營隊小天使謝公送來了一些明天工作會用到的必須品，包括工地戴的工程帽、礦泉水、搬運東西用的手套、毛巾。謝公本身是做遊民外展的社工，他與我在一旁聊著遊民工作如何困難的同時，遊民本身經常是多重弱勢情況重疊的最終結果，但卻因為社會汙名的關係，不但受市民排斥、政府冷落，就連在社工專業裡也愈來愈邊緣。所謂專家學者夥同官員、議員們，寧可把資源投注在小孩、婦女等族群身上，也不願更積極協助無家者脫貧。

於是我們走到了附近公園的大理石長椅區安頓，這裡的長椅不像龍山寺的艋舺公園刻意嵌上防止人躺臥的橫杆，因此是無家者安身的好地方。當時的我，只覺得露宿其實很快活，感覺這時候天和地都盡收眼底，不必擠在窄小的公寓，而能跟星空、皓月、晚風作伴，多美啊。可是，這個浪漫化的露宿想像，在閉眼後，人聲逐漸平息的半夜時分來臨後，就變得蒼白，取而代之的是不知危險可能從何方襲來的恐懼；由於感受到光線、聲音以及背後的硬冷而不易入眠的自己，閉上眼時，感覺每一個由遠而近的腳步聲都可能是意圖襲擊自己的惡棍。斷斷續續在淺眠與乍醒間來回，終於在六點左右決定起身。

走到台北車站去簡單洗個臉。車站裡已有不少趕搭早班車出遊的年輕人及老年人。他們的休閒日，是我們的賺錢日。「要賺錢，賺到了才能吃好住好」，我們抱著這個目標，開始了第二天。到了八點十分左右到了工地。我跟著派遣大哥，穿過黑暗無光的一樓工地，往上爬到三樓，到了一間廢棄的和式建築內，我的任務是聽派遣大哥指揮，他負責拿大鐵槌、鐵鍬及各種工具，把房間裡所有木頭拆毀卸下。「我拆什麼，你就丟什麼。」他下指令。我把各種垃圾及拆下的木材拿到外頭扔掉或分類擺置。

能體會幾分街友
漂泊？

為了證明自己沒有那麼不堪用──後來事實證明，這種好勝心是多餘且不切實際的──我很努力地搬著、搬著，完全不怠慢，就好像是渴望老師肯定的小學生。只見派遣大哥帥氣丟下一句：「你慢慢做，不用急著搬。」後來才知道這是真言啊。以日薪計的工作，你太認真只是累了自己，在停工時限前完成了原本的目標，老闆不但不會加薪，也沒有額外獎勵，只會要你做更多工；真的傷到筋骨，因為是臨時工，還得自掏腰包上醫院。工地裡危機四伏，除了木材上布滿了許多生鏽的鐵釘，即使我戴了工作手套仍被刺傷之外，走在昏暗的工地在拆卸過程中還不時從上方掉落木頭。這位派遣大哥因做久了自稱有恐龍皮護身，徒手工作，頭也被砸了好幾次，但往往只是罵了句三字經後又開始。最危險的是地上的釘子，要是不小心一腳踏上，可要休息好一陣子，這樣的經驗，元瑞可是沒少過。工作要能領到錢，必須老闆在派遣單上簽字認可才行。因此，我們必須讓這位從頭到尾只動眼睛監視及動口抱怨的老闆，覺得我們很賣力。

直到中午十二點，放風時間到。只有一小時休息時間。工頭告訴我們，五百公尺外有好吃的自助餐哦，但我們完全不考慮，只想趕快去附近的便利商店隨便塞些東西果腹然後休息，以便再戰下午。我來到了便利商店的陳設架前。超商產品對我並不陌生，只是以往挑選的是生菜沙拉，心裡盤算著每日五蔬果的標準是否達到，有時還會買優酪乳以助腸道健康。但這些透過日常廣告被烙印的健康觀在此時全然褪去，累癱了的腦只告訴自己選個補充體力的玩意兒：大塊肉、大把飯，然後要便宜，因為我們身上只有先跟無家者導師借的 100 塊餐費；最後需要能提振精神的飲料，因此我買了一個油飯雞腿便當、一個飯團夾肉，再加上一瓶沙士。相較於我們的選擇，派遣大哥則是狂灌保力達 B。吃完，我們便默默退到角落去午睡。

只是時間過得好快，一點很快就到了，回到工地，只見派遣大哥睡在太空袋上。老闆前來催促上工，還大肆增加我們的工作項目，以便極大化運用廉價勞動力。在體力崩潰邊緣的狀態下做到了四點多，終於結束了一天的勞碌。元瑞帶我們坐著公車轉捷運，辛苦到遙遠的派遣公司領今天的薪水。總計，每個人可領到 1100 元。若要計算實質所得，還得扣除交通費用，以及小

天使為我們準備的水、手套。倘若不幸在這危機四伏的工地受了傷，醫藥費也得自掏腰包。其他的組別，有的去賣《大誌》雜誌，有的去行乞，有的去街邊舉牌，有的去老人中心當志工混飯吃，有的則去賣烤地瓜。相較於其他組，粗工是最硬的，因此對於許多有身體傷殘或因年紀或舊傷而體力欠佳的無家者來說，根本不是個選項，即使真的找到了工作機會，往往也因為工作效能不符期待而被迅速打槍請回。有些工作雖看似沒那麼耗體力，但卻也隱藏各種不利於勞動者的因素。例如如今無家者界最夯的工作之一：舉牌，一天舉下來雖可以領大約 800 元，但其實擔負著被警察開單的風險，很多時候這筆錢是要無家者自己負擔，而一日勞動所得可能就因此泡湯。一個人站在街邊一整天風吹日曬雨淋，不只是無聊，也比想像中的費力；在看不見的地方又有公司的監督員，偷懶不得。

有了錢的我們，感覺可以住好一點，所以我們就到了西門町萬年大樓的網咖休息，夜間八小時和室包廂只要價 180 元。我雖然滿身痠痛疲憊，但其實也跟前一晚一樣，每隔不久就會醒來。主要是因為網咖雖然相對安全，不用擔心遇襲及氣候變化，但它徹夜燈光明亮，一旁其他包廂的年輕人有的在玩線上遊戲，有的在看電影，有的則是小情侶在吵架或打情罵俏，閉上眼後聽得一清二楚。好不容易睡得沉了一點，到了半夜三點，又遇警察臨檢一早醒來，睡網咖的參與者都覺得，因為菸味及空調的關係，很容易就有感冒的癥狀。無家者導師元瑞也跟我們直陳，一天好不容易賺了 1000，你睡覺就花了快 200，「划算嗎？」所以很多無家者寧可睡外面。

第三天一早，元瑞在那裡放空，他說因為無家者沒錢又怕累，最好的活動就是坐著看路人，但這對於一個人意志的考驗才大。在空白的時間中，想到過往幹的一些蠢事使自己淪為現今的處境，想到與自己分開的家人，想到沒有目標的生活，想到賺錢不容易而在社會上又不被尊重。他說所以喝酒也是讓自己麻痺，而酒是廉價又隨手可得的選項，雖知傷身，但還有別的可能嗎？經過昨天一天的折騰，我們深切明白，要能有穩定的工作，就必須有個穩定休息、讓體力再生產的居所。若持續流落有受襲危險、各種干擾眾多的街頭，很難跟上持續朝八晚五的工作節奏。但元瑞也跟我說，要想找到房子

是非常困難的，因為屋主如今都要求連同押金一次先付出三個月的房租，但這大約一、兩萬的錢很難無中生有，無家者沒有儲蓄也沒有親友援助，每天賺的錢光吃飯及一般開銷就差不多了，很難存下這個錢。隨後，我們參觀了萬華地區的一些低價住宅。這些屋主本身願意出租給弱勢，他們也信任社會局的介紹，裡頭的環境自然比較簡陋狹小，但租金卻不見得特別便宜，仍要3000、4000元以上。而且，房客的來源複雜，誰都不曉得隔壁住了什麼樣的人，有些是精神障礙者半夜會起來大叫，有些可能被人當人頭而有案底。

其實，參與者都知道，我們只是體驗，終究無法真實經歷無家者的流浪生活。我們這三天能夠倖存仰賴了太多人的幫忙，我們也知道這種漂浪的生活三天後就會結束，因此有個底限可以忍耐，之後便回到相對安全、穩定的「正常」生活常軌及環境，為這三天的耗損作修補。我們對於流浪生活的體認仍是十分有限的。然而，即使短暫，參與者仍明顯感受到，無家者掙扎在資源支持非常有限、危險的工作環境，以及遭受社會汙名、歧視對待的辛苦，這並不是單仰賴個人內在生命轉變或堅強意志，就能讓他們脫離惡劣的街頭生活，他們今日的處境是多重弱勢位置累加的結果，若我們期待台灣是個公平的社會，理應給予無家者更完善的制度性支持，例如能保障個人隱私及尊嚴的住宿環境，以及有尊嚴的互動對待。

延伸閱讀

1. 李玟萱，《無家者：從未想過我有這麼一天》，台北：游擊文化，2016 年。
2. 人生百味，《街頭生存指南：城市狹縫求生兼作樂的第一堂課》，台北：行人，2017 年。

part.3

第三篇 好工作與壞工作

好工作不見了嗎？從工作機會變遷談青年就業困境　　　　張宜君

證照對謀職或加薪有利嗎？　　　　林大森

當社會學遇見管理學：一個小主管的經驗談　　　　李香潔

台商如何想像越南女性勞工？偷竊、搞破壞、集體昏倒　　　　王宏仁

竹科園區零工會的奇蹟背後：個別化的勞資關係　　　　林倩如

新年到，揮別「招裁禁飽、薪餉四成」的人生？　　　　邱毓斌

SOCIOLOGY
AT THE
STREET
CORNER 3

好工作不見了嗎？
從工作機會變遷談青年就業困境

台灣師範大學教育學系助理教授 張宜君

　　在 2018 年中，行政院宣告，國內勞動市場景氣回升、前景一片光榮，勞工平均薪資及實質總薪資都達近 5 萬元。然而，此數據一出，立刻引發民眾不滿，青年團體更發起「對不起，是我拉低了平均薪資！」的道歉活動，諷刺行政院公告的數據與現實的落差。大眾進而看到，以「平均」薪資來描述勞動市場現狀，將落入統計以「均質人」的概念來描述人類生活的問題，忽略人們之間的異質性。

　　事後，媒體試圖以中位數的概念，捕捉低薪者的樣貌：如果平均數與中位數差異擴大，表示高薪者對薪資平均數估計造成的偏誤程度。也有不少社會學、人口學及經濟學領域的學者，將觀察的視角從平均薪資轉移至薪資的分配，關注個人或家戶長條件對薪資不平等的影響。

然而，這些以個人薪資樣貌而建構出來的勞動市場描述，忽略了人要找到高薪／好工作的前提，必須是勞動市場中，存在足夠多的好的工作機會。

　　因此本文希望以「工作」取代個人薪資，建構工作機會分布指標，來描述台灣勞動市場的變遷樣貌。研究發現，台灣勞動市場工作機會分布的長期變遷趨勢是「好工作機會變少了」，而此種變遷將對新進勞動者的教育報酬產生負面影響，最後進而探討現今青年所面對的勞動市場困境。

▎過去四十年來，好工作不見了！

　　我以「人力資源調查」中的全職勞動者為分析對象，建構了 1978 年到

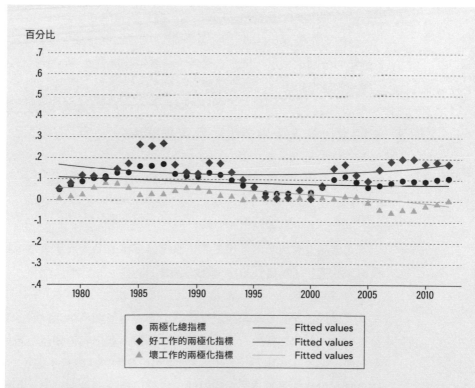

圖一　整體全職勞動者四十年來，工作機會分布的兩極化指標

2012 年的工作機會分布兩極化指標。兩極化指標將介於 1 至 -1 之間，正值表示勞動市場工作機會往高薪及低薪兩個方向移動，中階的工作機會相對減少；負值則表示兩極化程度減少，工作機會往中階工作集中。

圖一的兩極化總指標（見圖中圓點）長期都落在 0.1 左右，表示工作機會長期以來都比 1978 年的工作機會分布更兩極化，有大約 10% 的工作機會往高薪及低薪兩端移動。

若我們進一步區分好工作的兩極化指標（工作機會兩極化上指標，菱形）及壞工作的兩極化指標（工作機會兩極化下指標，三角形）則可能看到不同的變化趨勢。整體來說，過去四十年來的工作機會變化是：

· 低薪的工作機會比高薪的工作機會，變動得更厲害。
· 高薪的工作機會，長期以來，都比低薪的工作機會減少得多。
· 近年的勞動市場工作機會，呈現「高薪工作機會漸少，但低薪工作機會增加」的惡化狀態。

不同世代的大學畢業生，教育報酬率差很多

「高希均批年輕人領 22K，賴政府不怪自己」《蘋果即時新聞》2014 年 6 月 3 日

「台灣沒有所謂的世代正義，像我們這樣的七、八年級生，只是上一世代的免洗筷」《報橘》2015 年 12 月 23 日

「世代正義」是每每談論青年就業困境或勞動市場議題時的關鍵字。年長世代的人，將年輕人貼上「草莓族」標籤，直指其不願意吃苦、對工作沒有熱情，生活只想著「小確幸」；而年輕世代則以「時代不同了」作為反擊，認為年長世代乘著經濟起飛的浪頭，成就了現在的社會位置，年輕世代則面對惡化的勞動市場，就算有能力也難以找到好的工作。

以上年長世代及年輕世代的觀點，分別代表了社會學的「個人微觀」及「結構宏觀」的不同視角，年長世代強調個人的不利位置是因為個人條件不足所致，年輕世代就是一群「崩壞的世代」；年輕世代則認為環境變遷決定了年輕人的不利位置，是因為「世代的崩壞」造成他們的困境，兩者對立的觀點造成世代之間難以對話。接下來我將提供一些實證分析的結果，討論勞動市場結構變遷對不同世代勞動者的影響，為年輕世代的不滿提供部分實證基礎。

過去針對青年就業的相關研究，多以年齡來界定青年勞動者的身分，將年滿 15 歲且 30 歲以下的勞動者視為青年勞動者，然而，年輕世代因教育擴張延長了留在學校的時間，降低了 15 歲到 24 歲的青年進入勞動市場的機會，採用年齡劃分可能會忽略世代之間人口教育組成差異。因此，在接下來的討論中，將青年就業的概念轉為勞動市場的新進勞動者，分析樣本為「人力資源調查」之中最高教育程度畢業後五年內的新進全職勞動者。

圖二呈現不同時間進入勞動市場的新進勞動者，他們的高等教育報酬，此圖顯示，在 1978 年到 1982 年進入勞動市場的新進勞動者，擁有大學學歷能夠為他們增加 30% 的薪資，但這種大學學歷的優勢，隨著時代而下降，2008 年至 2012 年進入勞動市場的新進勞動者，他們的高等教育報酬僅剩 17%，下降了 13 個百分點，高達近四成的降幅。轉換成具體薪資來看，2009 年的「擴大就業方案」產生的定錨效果，讓大學畢業生的薪資集中在 22K，若我們假定 2008 年到 2012 年進入勞動市場的大學生薪資為 22K，則同期進入勞動市場的高中職畢業生薪資則為 18,800 元（22,000/1.17）；若進一步假定高中職畢業生的薪資相同，在 1978 年到 1982 年進入勞動市場的大學畢業生薪資則約有 24,400 元，比 2008 年後進入勞動市場的大學畢業生高出 2,400 元。

兩極化的工作機會變化，只有高教育程度勞動者受惠

過去解釋教育報酬變化的論述，主要從勞動市場的供需結構切入。高等教育擴張改變了勞動市場中的教育人力供給的結構，高教勞動力供給大幅

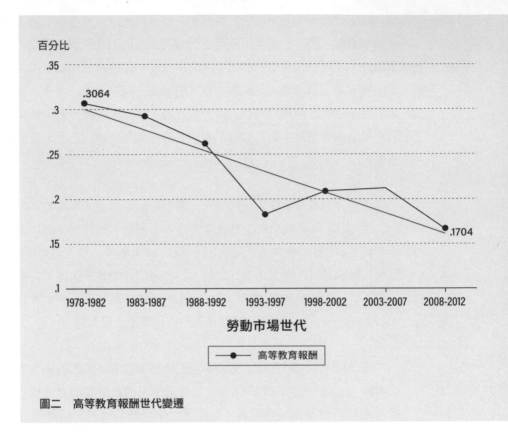

圖二　高等教育報酬世代變遷

增加，將導致高等教育報酬下降；科技發展帶來的產業升級，增加勞動市場對高教育勞動者的需求，因而促成高等教育報酬提升，這兩個相左的力量相互競逐的結果直接影響了高等教育報酬的變化。

　　然而，單純的供需視角，忽略了勞動市場的工作機會分布的重要性。圖三是「教育報酬的機制」，它表達了兩個面向的資訊：

· 不同教育程度勞動者從事好壞工作的機會，因教育擴張程度及科技發展速度而改變其分布。例如高等教育擴張可能讓國中及國中以下教育程度的人，更集中在低薪／壞工作的區域；而大專以上教育程度的人擁有好壞工作機會的差異擴大。

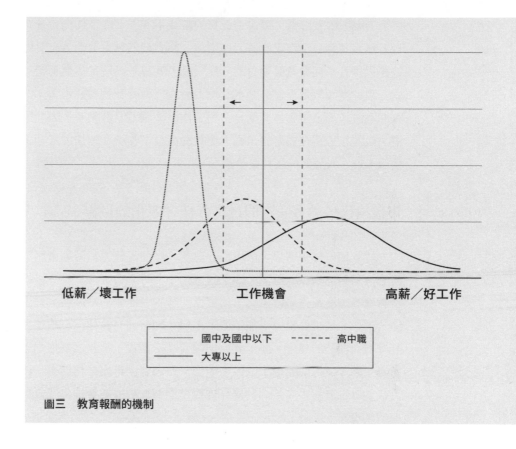

低薪／壞工作　　　　　工作機會　　　　　高薪／好工作

| .... 國中及國中以下 | - - - - - 高中職 |
| —— 大專以上 | |

圖三　教育報酬的機制

· 但市場中的好壞工作機會並非一半一半。當整體產業升級、高薪工作增加時，勞動者較容易在勞動市場中找到好工作，此時工作機會的虛線，往左偏移，也就是落入高薪／好工作的機會增加了；如果勞動市場條件惡化、壞工作充斥整個勞動市場時，會讓即使擁有高技術的勞動者都無法找到好的工作，此時虛線會往右偏移，落入低薪／壞工作的機會增加了。

因此，勞動市場的供需結構及工作機會分布，都是形塑勞動市場結構的重要因素，且對不同條件勞動者的教育報酬產生影響。

高等教育擴張降低了高教育勞動者的教育報酬，但同時可減緩低技術勞動者的劣勢；再者，科技技術發展提升高技術勞動者的教育報酬，卻也讓低

技術勞動者薪資降低，擴大了教育的薪資不平等。從工作機會分布的影響來看，無論是高薪工作或低薪工作增加，都對於低教育勞動者有負向衝擊，而且都只提升了高教育勞動者的教育報酬；就算是高薪工作機會增加帶來的好處，也只有高教育程度勞動者受惠，因為低教育勞動者要進入「好工作」仍有極高的門檻及限制。反倒是中間工作消失讓低階勞動者失去向上流動的管道，只能被迫留在低薪的工作，能夠從高薪工作機會增加的紅利中獲益的，是原本就占有優勢的高教育勞動者。

▎年輕世代勞動者面對的是工作機會惡化的世界

透過這些分析結果，可以部分理解，為何年輕世代勞動者對於政府公告的平均薪資「高標」不滿。除了對勞動市場樣貌的描述工具（平均薪資）的反省之外，從工作機會來看，年輕世代勞動者面對的是高薪／好工作機會下降、低薪／壞工作機會增加的勞動市場；同時間科技技術發展速度，趕不上高等教育擴張的速度，讓他們即使接受高等教育，都無法為他們帶來更好的教育報酬，反而面對更大的競爭壓力。整體勞動市場結構變遷，確實對不同世代的勞動者提供了不同的機會條件，期望此數據能夠提供「世代共好」的理解基礎。

實踐大學社會工作學系教授　林大森

證照對謀職或加薪
有利嗎？

曾在大學博覽會聽到兩個高中生的有趣對話：

A：「聽説現在是證照時代，○○大學畢業可考到五張證照，聽説比文憑還有用。」

B：「那你去讀那間學校啊！他真那麼厲害，那為什麼大家還是想念台大？」

我們常看到許多報章媒體報導人力銀行的調查結果：「現在職場上最熱門的是○○工作，考上○○證照對於就業有加分作用；私人企業員工平均一個人擁有 X 張證照；年輕謀職者每年願意花 XX 元的預算來考證照……。」這些訊息不絕於耳。

說實在的，有些證照真的很亮眼，象徵著你具有某種專業能力，考取時你會迫不及待昭告天下，深怕別人不知；但也有被修課條件或畢業門檻逼著去考的，不但沒有實質的加分效果，搞不好還羞於跟人家講你有考過這個；又有些是從事某職業一定要的，不管你是否已經具備這種能力，沒這張證明你就走不進這一行……。這麼多人說，證照重要而普遍、坊間也不乏各式證照的補習班，到底證照是個什麼「東西」呢？

▎證照是什麼？名詞解釋與官方統計

　　我們來看看「證照」的定義是什麼？所謂「證」（certification），是「能力」概念，表示個人經由某種教育或訓練歷程之後，對某項專業具有完整的技術能力；而「照」（license），則是「職業」概念，表示具有從事該職業的資格；獲得該項資格的過程稱之為「認證」，乃政府、民間單位對專業人士的知識技能進行考核，檢驗從事某項工作之人其能力是否符合標準。舉例而言，國際通用的管理與金融證照如 PMP、CFA、FRM、FSA 等是「證」，一旦取得，象徵專業很夠水準，為你加分很多。然而，「照」就跟執業比較密切，例如，做菜很多人都會、照顧小孩是許多婦女的能力、不少人開車技術不亞於計程車司機，但沒有廚師、保母、職業小客車駕駛執照，就不許執業。

　　我國現行職業證照大致可分為：專門職業及技術人員考試、技術士技能檢定、各行業主管機關訂定之證照考試、民間專業團體或機構的認證考試等四類。在此定義下，證照幾乎包山包海，概念不易掌握。因此，在勞委會每隔兩年舉辦一次的《勞工生活及就業狀況調查報告》中，對「15 至 29 歲青年勞工持有證照情形」做了調查，統計青年勞工擁有各項證照的比例。其中有幾個趨勢：（1）自 2006 年以來，擁有證照比例有提高之勢，從 2010 年的五成五至現今超過六成；（2）各類證照中以「技術士證」考取比例最高；（3）女性考取證照比例高於男性；（4）大致而言，隨著教育程度提升，考取證照比例也提高，明顯例外是技術士證，高中職程度者考取比例最高。

　　官方資料呈現的統計數據，大抵只讓我們看到「考照比例持續上升」的

證照對謀職或加
薪有利嗎？

現象，但並沒有任何關於證照效用的解釋與推論。

證照有用嗎？

　　考證照如果沒有用，為何愈來愈風行？若有，那麼對於職場的效果在哪裡？104 教育網針對專職工作年資滿三年的上班族進行「2015 證照暨進修大調查」，結果是：（1）持有效益分別是：有助求職（66%）、通過學校考試（27%）、升遷或加薪（19%）。（2）考照類型：國際專案管理師 PMP（24%）、國際咖啡調配師（22%）、保母（16%）。（3）考照動機：個人興趣（50%）、有助求職（41%）、有發展潛力（30%）。（4）願意支出進修費用：平均每年為 12,575 元。另 1111 人力銀行於 2015 年 4 月舉辦「上班族職場危機」記者會，提及考取國際認可專業資訊證照人數逐年增加，以辦公室應用軟體為例，2014 年考取國際專業證照的人數就有五萬多人，相較往年人數成長超過三成。此外，104 人力銀行調查企業主的需求，提出其建議報考的證照類型及就業機會。

　　這類私人機構的調查，不但是職場雇主的意向，也是受雇者的想像和期望。這些報導可以精準地點出企業主希望謀職者擁有的專業能力，但並未指出證照具有「全面性」的好處。然而，這樣的調查常被報導成：證照就是有如此如此的好處、證照的時代已經來臨、證照可全面性地取代文憑等等論述。

證照「未必」有用乎？

　　除了民間機構的調查外，學界的意見呢？證照在職場上的正面效應當然有，但也可能沒有關聯。台北科技大學前校長姚立德表示，不少技職科大學生考了幾十張證照，但是對就業幫助不大。我個人的研究發現，擁有證照者未必有助薪資提升，除非你考取的是高階的證照，否則大費周章考取證照，對薪資的效應反而還是負面。商學大學畢業生金融證照持有數量越多，失業機率越低；在對薪資的影響上，金融證照持有的數量對薪資無顯著關聯，但若在金融保險業服務則有顯著正向關聯。

為何會這樣呢？試想：如果一個謀職者有中文打字證書、初級全民英檢，還有一張機車駕照，雇主會怎麼想？中文打字能力，需要以證書證明嗎？全民英檢初級，只相當於國中程度；機車駕照，有或無有很大差異嗎？總之，當你擁有的證照類型與等級太低，比起不具任何證書者，只不過證明你的能力「恰好在那個檔次」而已。

因此我們可知，證照就是證明，可以證明你有這個能力，但同樣可以證明你的能力僅在於此。幾年前有些大學流行 ISO 認證，在校門口旁整面圍牆掛上「本校通過 ISO 9000 認證」的巨幅帆布條。很多教育工作者感慨：「大學的教學活動是創意、引導學生產生自己的想法，不是規格化的生產製造流程。特別是大學層級，為何要取得 ISO？」一旦標榜自己取得 ISO，似乎就是告訴人家，我重視的是制式製程，犧牲了實際而鮮活的教學設計與課堂互動！

有些大學生刻意不報考證照，似乎是對證照主義的反彈，一本有趣的碩士論文就是處理這個議題。陳秀華針對十三所大學財金、資管系學生進行分析，她發現：比起技職院校，一般大學的學生卻排斥報考專業證照，此現象符合「反訊號」觀點。何謂反訊號？畢業於非名校者會選擇考取證照，作為進入職場、給雇主識別的「訊號」；然而畢業於名校、熱門科系者為了凸顯與前者的區隔，會選擇不釋出訊號，一方面可以節省追求訊號的成本，更重要的是對自己的能力有信心，認為並不需要釋放同樣的訊號。

另一個反證照的觀點，乃是對於「專業化」這件事情的深刻反省。簡單地說，透過專業化，我們把某個學問應該有的特定內容圈定下來，再透過證照化，我們把它以紙筆測驗或其他任何方法，具體規範下來。然而，每一門專業都能夠以制式測驗來衡鑑能力嗎？就算有，題目要由誰來出、考卷由誰來改？就算是專業中的佼佼者，豈敢說自己有通天的本領，能夠出得了信度與效度兼具的考題？

特別是，如果是與「人」有關的學門領域，難度更高。社工師與諮商師

證照對謀職或加
薪有利嗎？

兩項證照的專業化，就曾經引起論戰。諮商師周志建說：「證照化的同時也在把人『物化與功能化』。這件事美其名叫『專業化』，其實骨子裡是『商業化』，把『專業商品化』，不是嗎？期待我們的諮商專業真的可以『更專業』，是那種朝向『人性化』的專業化，不是『紙筆化（執照化）』的專業」。此外，社工系教授王增勇與陶蕃瀛指出：「《社會工作師法》的通過，代表著一種新的分類方式正透過國家權力，開始蔓延與定型，這種規訓權力的核心技術就是考試，將人區分成『專業的社工師／不專業的一般人』」；「現有社工師證照考試往往只獨尊實證典範的工具性知識，原因是考試制度要求通則性的標準答案。強調差異性的互動性知識，以及幫助在地民眾進行意識覺醒的解放性知識，因為無法簡化成為標準答案而無法納入社工師考試中」。

此外，又如醫師魏崢所言：「以心臟外科醫師而言，外科專科醫師證書、心臟專科醫師證書、心臟外科專科醫師證書是最基本須取得的證照。若要保有這三張證書，每年平均須取得 260 個教育積分。以我個人為例，為繼續保有六張專科醫師證書及執業所需的證照，每年必須取得教育積分約 450 分，這勢必排擠臨床工作時間，甚至為了因應評鑑，還得上病人安全、醫學倫理、感染控制及傳染病防治等課程，犧牲掉大量臨床學習時間。」

掌握好主體性，證照是附屬的

回到本文的關懷，證照到底是什麼？台灣的證照類型縱然有千百種，但至少可以歸納出幾個一致性的原則。（1）證照是規格化的東西，由於管理主義與理性計算，證照擁有客觀化與數據化的特質；（2）證照就是證明，它可以證明你有這種能力，也可以證明你「僅擁有」這種能力；（3）證照除了是資格的檢定之外，可能還包含著培訓、課程、換照，簡言之，一張證照背後恐有龐大的商機。

基於上述三個特質，你覺得證照有沒有用？如果這張證照內涵上屬於理性計算，那麼它的正當性比較不會被質疑，效用也較能被預期。再者，證照應重質不重量，有些學校把證照視為畢業門檻，此舉無疑是浪費學生時間，

試想：若全校不分科系一體適用要求學生取得某項證照方能畢業，勢必是初階且基層，如此「大家都有」的能力，何需以證書來證明？

須注意的是，要掌握好自己的主體性，證照是附屬的，是為自己加分用的，不要為了追求證照喪失了自我。舉例而言，我有一個朋友畢業於理學院，對自己主修科系沒興趣，但憑藉著極佳的數理能力，考上一系列財務證照，後來任職於金控公司，是人人欣羨的高階主管。知道什麼適合自己、結合興趣與能力，就該排除萬難、勇往直前去爭取，但是不要散彈打鳥，東考一張語言、西弄一張電腦、又報一張金融、手裡還留一張技術士證，到頭來只是無機的堆砌，看不出專業性。

最後一個建議是，某些證照的確要花不少成本，但先不要因此貶低它的價值，跟商業掛勾不一定是落入資本主義邏輯、不一定是牟利且不正義的。如果在你的評估下，它是取得從業資格必要的敲門磚、是加薪或升遷的必然，那麼該付的成本也要付，畢竟進了門才有一展長才的機會，不是嗎？

國家災害防救科技中心組長 李香潔

當社會學遇見管理學…

一個小主管的經驗談

　　受了十幾年社會學科班訓練的我，從來沒想過，進入職場後，我可能變成一位中階管理者。博士班的老師，聽聞我的「遭遇」，直說，社會學訓練這麼久，做管理者會較辛苦。這就有趣了！這話到底怎麼說？明明被賦予管理職，是老闆對自己的肯定！再者，社會學訓練出來的各行各業人士何其多，能得到肯定，賦予管理職者，想必也不在少數。然而，如何適應這樣的角色，卻少有機會進行經驗分享與相互學習。

　　為何社會學訓練背景遇上中階管理角色，會形成如此複雜的情緒？簡言之，中階管理者常被視為從老闆觀點，協助其管理員工；但社會學訓練，則

常強調從員工觀點，確保其基本工作權利。你是否感受到其中可能出現的矛盾呢？如果你是一位受過社會學訓練的中階管理者，是否覺得自己的管理風格，可能和他人有何不同？我所接受的社會學訓練，是鼓勵學生要能多元思考。結構功能論、衝突論、象徵互動論，這三大山頭占據著頭幾年的社會學生活，即便後來習得許多支派或其他學派，這三者對於生活上林林總總的影響甚為銘心。其中，衝突論一直最受歡迎，因為它，我們學著運用批判的視野去檢視習以為常的道理或事物。相對而言，結構功能論傾向解釋現況，例如現有組織分工的原因及功能，較少強調批判性思考，在我的學習經驗裡，受歡迎程度，似乎相對失色。至於象徵互動論則因為分析層次不同，此文不特別著墨。

不過，隨著年齡漸長，慢慢的，我開始問，批判完，然後呢？衝突論的代表人物為馬克思，其提及勞工處境，關鍵字包含階級鬥爭、資產階級、無產階級、異化等等，簡言之，資本家和工人之間，是以對立及鬥爭為主要存在的形式；而中階管理者，為資本家執行其管理目的之工具，是少有主體意志的。受過十幾年的社會學訓練，自信不可能成為沒有主體意志的中階主管，也認為勞資關係不應只以衝突論來解釋。所謂「正、反、合」：結構功能論解釋體制或組織等分工如何運作，衝突論帶來批判觀點，批判後的建議若能回饋至體制或組織設計，使其運作得更好，才是我所喜見的。以這種角度思考，衝突論和結構功能論並不互斥，而應互為回饋關係。我認為一個受過社會學訓練的中階管理者，應致力於讓這樣的回饋關係建立起來。

目前服務的單位，理想上，必須要檢視現有災害管理體制有何不足，建議相關科研方向，並試圖落實科研成果，回饋至體制設計。這樣的工作性質，最得我心之處，是它除了有機會對體制進行檢討之外，還能將這樣的檢討回饋到體制設計。只是，沒想到除了在災害管理體制這個議題上，要同時融會貫通衝突論和結構功能論，七年前在職位上轉變成組長後，也面臨到這樣的挑戰。亦即，前一秒才在勞資會議裡代表勞方的我，下一秒變身中階管理者，同個會議裡轉成代表資方，卻依然還是受薪階級，角色錯亂到常被開玩笑提醒，你現在發言是代表勞方還是資方？這樣的中階管理者，有著社會學訓練

的背景，如何扮演橋樑角色，使得上下之間回饋關係得以建立？以下設定幾個職場常遇到之情境，進行反思，試圖呈現可能的階級矛盾，以及我認為的橋樑角色可以如何扮演。

▍反思一：若感受專業領域或工作成果不夠受老闆重視，怎麼處理？以傳統管理學觀點，認為手下有義務說服老闆？還是持較批判的觀點，認為上位者，更應該傾聽下屬的聲音？

我的單位為「科技」中心，社會科學學者要在「科技」中心占有一席之地，需花費較多心力。社會科學方法，簡分為量性與質性方法。在災害管理領域，可協助進行量性工具研發的資料和模式不多，所以過去成果多有以質性方法研發，再以從中習得的經驗和專業知識，進行後續的災害管理策略建議。

我們中心近年愈益重視資料或模式，質性方法較常被誤認為個人主觀經驗。針對這樣的挑戰，若僅停留在批評上位者不懂社會科學，不懂質性研究，我認為對整體組織運作無太大的回饋作用。

目前採取及相信的策略，也是自己還在學習如何操作細節的策略，亦是操作上仍常常遇到挫折的策略，是促進雙向溝通。對上，說明質性研究的必要性，其如何和量性研究互補，並主動提供以社會科學方法執行的各類產出作為範例，當然，同時也要有被不同領域者挑戰的心理準備。對自己的團隊（也就是所謂的對下），除了一起強化質性研究能力，使之更具說服力，也必須正視資料或模式的重要性，試圖培育這方面人才。規劃出來的產品，盡可能兼顧雙方需求，例如，建置量性資料或模式，並用之協助質性災害管理工作之執行。

簡言之，批判觀點的訓練，讓我對「老闆不是一定對的」更為敏感，但無需多說的是，老闆也非一定是錯的，常常對的機會還不少。身為橋樑角色，中階管理者的確要花較多心思，了解老闆關心某事的原因，以及自己團隊的意見或批評，如何從兩邊找到共榮之處，說服雙方、進行溝通，以形成回饋

關係。（寫完以上這句，突然覺得看起來八股，但又真的很有挑戰性。）

▍反思二：工作權利與義務之間，身為中階管理者，你花較多時間協助處理其中哪個議題？

社會學的訓練讓我自認在協助團隊成員，向上級反應有關工作權利的意見時，比較不會顧忌，也認為成員的意見，的確可以協助組織訂定出更為完備的規範。有趣的是，似乎也是社會學的訓練，讓我覺得在執行工作義務宣導上，較為吃力。例如，團隊成員為了成果品質，希望工作時程可以延長、經費可增加，或文章績效指標總量可以減少，怎麼處理？以上要求屬合理，自然應協助其進行反應或協商。但整個組織有來自外部的要求與競爭壓力，組織內的這個團隊如果無法限期達到特定的要求，別的團隊便要上火線、犧牲自己的時間、經費或品質。但以這樣的論述，來要求自己的團隊妥協，是否合理？如何進行？是我認為很困難的評估工作。

我曾經上過一門管理課程，課堂上的老師以多年經驗傳授，無論如何，老闆在工作量上不會妥協，所以應採正向鼓勵方式，讓團隊成員勇於接受挑戰。但在社會學訓練過程，「老闆不會妥協」的論述，就比較不能作為討論的前提。除了堅持雙向溝通原則，我也試圖擷取各方人馬重視的面向，回饋至策略發展，來處理其中矛盾。亦即，工作量是我評估團隊成員工作表現的面向，工作品質亦是，如此能同時照顧不同價值觀的團隊成員，包含顧及工作品質而不願衝數量者，以及願意配合整個組織外部壓力衝數量者。策略上應能包含多元觀點，亦為社會學訓練所諄諄教誨之所在。

▍反思三：情與理，身為中階主管的你，能兼顧？

傳統衝突論者採唯物主義，很自然地不會認為主管會以情與理的角度進行管理。傳統管理學，包含同時被視為管理學及社會學大師的韋伯，則主要著墨於理性，應就事論事地以目標為導向。而認為管理者可兼顧情與理的文獻，特別表現在柔性管理當中，這類文獻主要分析女性領導者，認為其管理

方式較重視個體差異、重視溝通、較重視情感關係的建立、也較不威權。部分柔性管理文獻較不具批判性，認為女性的管理風格，是其母職天性的投射。較有批判力的文獻，則認為其非始於天性，而是社會化過程的結果。無論起因為何，這些研究普遍認為柔性管理更重視溝通、讓下屬參與決策。這樣的精神，很符合社會學訓練對於民主精神、員工主體性、員工對組織意見回饋的強調。也如社會資本等相關研究確實指出，非正式關係的建立，也就是情的存在，有助於形成信任感、形成互助體或促進溝通。

我對自己管理方式的期許，希望能兼顧情與理，但的確置理優先於情，認為就事論事是非常重要的管理原則。情的部分，表現在對於團隊成員的意見或情緒的敏感度，儘量了解與溝通，或回饋於管理方式的調整。這部分是否受社會化過程中對女性角色的期待所影響，我本身較難判斷，但自己卻能很明確地知道，我確實受到社會學訓練所影響，認為員工的主體性及意見應被重視。

不過，這幾年的經驗，亦覺得情與理兼顧的管理風格，較適用於主責團體較小的環境，通常在五個人的規模。一旦團體變得龐大時，若無法適時培育出第二層管理者，兼顧情與理的管理風格確實讓人有精疲力竭之感。完全就事論事相較之下反而是比較不傷神的管理方式，只要有人的情感涉入，事情往往複雜許多。這也讓我想起，如果柔性管理真的是現階段女性管理者的特色，女性管理者面臨的處境，已不只是亞莉・霍希爾德（Arlie Hochschild）所提及，女性必須兼顧私領域和公領域的兩班制，而是甚至在公領域當中，都被期待兼顧員工外在的工作表現，以及較屬於內在層次的互動需求了。當然在理想狀態下，柔性管理應該要和女性特質脫勾，去除其本質論的成分。

▍反思四：你如何對待被歸類為能力好，態度不好的團體成員？

傳統管理學利用 2 乘 2 矩陣概念，也就是分成：能力好或不好，態度好或不好，將員工簡分為四類。能力不好態度不好者，被視為應該捲舖蓋了。能力好態度好者，則為奇珍異果，應好好珍惜。能力不好態度好者，試圖培

育其某面向能力。被認為最難對待的，是能力好態度不好者，尤其態度極為不好者，夠狠的管理者是以立斬的方式處理之。

社會學的訓練，讓我對於「捲舖蓋」、「立斬」的字眼，極為敏感，因而再去思考，這樣 2 乘 2 矩陣分類，是否過於簡化？例如，什麼是態度不好？

大概只有勇於挑戰自我的管理者，希望遇到態度不好的成員來磨練自己，至少我是希望不要遇到！若是遇到了，我會再試圖去分析，態度不好，是出於關心團體利益，還是主要為了個人利益？若是前者，如何將負向的態度轉換成對團體利益的回饋，是中階管理者的一大功課。若是後者，且對團體運作有負面影響的狀況下，才將之定義為態度不好。除了前述提到的工作品質和工作量之外，工作態度的確也是被我納入工作評量上會考慮的面向之一。

職場需要更多元的民主參與和橋樑角色

在寫這篇文章的同時，我試圖尋找更多觀點，希望能幫助自己，以及扮演類似社會角色的讀者，了解自身的社會位置、尋找建設性的策略。在衝突論、批判觀點影響之下，Mats Alvesson 和 Hugh Willmott 於 1992 年編輯出版的《批判管理研究》（Critical Management Studies）一書，形成了批判管理研究領域。其下學者如 Valérie Fournier 和 Chris Grey 認為組織管理方面，應該要考量是否有特定群體如族群等的聲音被排除在外，這觀點和我前述提及的，管理策略應考量多元觀點不謀而合。Michael Hardt 和 Antonio Negri 則討論了應利用團體共同承擔權利與義務的概念，取代權利與義務以階層化方式展現的管理概念，我認為若要形成這樣的共同體，前述提及的情與理、權利確保與義務宣導並重，都非常重要。以上這些討論，鼓勵我們摒棄過於階層化的管理方式，擁抱更重視民主、參與式、多元、公平正義的管理模式。當然，具體的執行策略，需要更多的實際經驗分享才能累積。

若回歸到本文一開始的問題，受過社會學訓練，管理風格可能不同之處

為何？期許自己更能重視團隊成員的主體性及意見回饋。避免上下關係的最終呈現為衝突形式，衝突應在正、反、合過程中，扮演具有建設性的批判角色。中階管理者最重要的角色是橋樑，而非固執地偏袒任何一方。這是自己七年來跌跌撞撞管理經驗中，堅持不變的原則。試問，你的故事又是何種風景？

台商如何想像越南女性勞工？
偷竊、搞破壞、集體昏倒

中山大學社會學系教授　王宏仁

　　當外來資本剛進入新興工業國家投資生產時，經常偏好雇用女工，例如在越南台商之間最廣為流傳的一種說法就是：「越南是母系社會」，都是女生在工作，「男人都很懶惰」。過去西方帝國統治者，總會將殖民地的人民女性化、陰柔化，創造一種西方陽剛、東方陰柔的雙元對立論述，而台商幹部所流傳的「母系社會」說法，正是這種東方主義論述的變形，一方面排除了男性會自我行動的可能，也同時可以透過宣稱要保護女性，進而正當化雇用女性的理由。

越南都是女生在賺錢，男生在喝咖啡？

2016 年底，跟一群台灣幹部（男女都有）吃飯聊天，我們談到結婚後，台灣女生要寄錢給自己的父母時，一般而言是否需要告知老公？其中一位說，如果老婆沒有賺錢的話，還是要跟老公講一下，尊重一下老公。

我提到，跟台灣不一樣，越南都是夫妻兩人在賺錢，很少太太不工作的。突然這個話題就熱起來了，旁邊的幾位台幹開始七嘴八舌談論越南的男生跟女生。

A：越南應該是母系社會吧！

B：沒有，越南應該是女生在賺錢。

C：女生在賺錢，男生出去喝咖啡。

D：老婆上班的時間，越南老公就在街上喝咖啡亂晃啊！

B：越南女生比較多，因為越戰死了很多男生。

我當時並非故意提起這個話題的，只是每次當講到女性勞動時，台幹們幾乎就把「越南是母系社會」抬出來講，經歷二十年不變。例如十五年前訪談聽到的「母系社會」也是差不多的看法：

「她們是女人當家，越南的男人很懶惰」

「不知道你們有沒有注意到，在路邊賣東西的都是女的，吃東西的全部是男的……他們這邊就是這樣，所以造成男的就是比較要面子，他們說今天出來沒錢吃飯，他寧願去喝啤酒，會去讓人家看他臉紅紅的，他們會有這種想法。」

以下的一段訪談對話，也傳神地說出一些台商對於越南男女的看法：

研究者：你覺得這邊的女工工作態度怎麼樣？

台商：也不錯啦，語言上溝通比較難，因為我們不會講越文，只是溝通上有一點比較麻煩。員工中約有 10% 的男生。

研究者：為什麼不喜歡雇用男生？

台商：很糟糕，都在喝咖啡。好吃懶做、就是吊兒啷噹的那種樣子。女生就好像很認命那種樣子。

研究者：他們這邊的家裡是誰在養家活口？

台商：女生啊！母系社會啦，現在也是女生在賺錢。有時候姊姊在養家，哥哥弟弟在家裡吃閒飯。我問那姊姊：「妳怎麼不叫他去上班工作？」，她回答：「沒有辦法，他就不要去工作」，好像是應該她去賺錢來給他吃，不管是哥哥也好、弟弟也好。

研究者：老公也是嗎？

台商：有很多這樣子，領薪水時，老公就在外面等，也有這樣子的。

▍偷竊、搞破壞，是越南人的民族性嗎？

對於一個外來投資者而言，他並不一定熟悉當地的社會文化與政經脈絡，因此不一定可以順著在地的邏輯去思考其管理實務。最直接可以訴諸的想像，就是拿來與母國的社會關係做比較，然後得出一個結論，以作為其管理的基本思想。在這樣的「跨國比較」邏輯下，台商發現，竟然有這麼多的女性在工作：2016 年越南女性勞動參與率為 72%，相較之下，台灣女性的參

與率只有 51%，而且跟台灣的兩性關係不太一樣，越南的婆婆沒有台灣那麼可怕！既然台灣是父系社會，那麼把性別關係相對平等的越南形容為「母系社會」，也就不足為奇了。

台商口中傳達出許多關於越南工人的負面訊息，通常是他們並無法理解的行為，例如某位經理在開車往另外一家工廠的途中，對著我們抱怨：

「工廠的廁所常常壞掉，但很奇怪，總會留下一間是好的，不會壞。就連載貨用的推車輪了他們也要偷，但通常只會偷一個，因為假如偷了兩個輪子，就沒辦法推了。」

另一名台商說：

「我這邊的話是，東西不見了，也都抓不到誰偷的，出去外面找也沒有，但是就是東西會不見……他們這邊偷竊的狀況很多，非常多。我們公司比較少，不過我們倒常常抓到別家公司的偷竊，我們的保全抓到後面那個廠商就兩、三次了，因為我們有瞭望台在後面。而某家紡織在工廠裡頭為了防止偷竊，除了裝電眼外，還請公安幫忙檢查，因為他的 NIKE 衣服也被偷了幾千件。在胡志明市更常流傳的小故事則是，在新順加工出口區的某家女成衣廠，有某名女工穿了二十件的內褲在身上，出公司大門時被抓包。也有人偷走了公司的電線電纜，使得整個公司的發電系統無法運作，甚至連避雷針都會不見。這些竊盜行為，都是工廠內的員工所為，並非是外來的竊賊。」

其實這種偷竊行為，除了怪罪「個人道德低劣」、「民族性」的原因之外，也應該從工人所處的環境來解釋。在越南會發生罷工，主要的三個原因是低薪、長工時與嚴格的勞動管理。在這種環境之下，工人除了用集體的罷工行動來要求改善自己的勞動條件之外，更常見的方式則是以個人化的行動來宣洩不滿，例如暗地裡破壞廁所、塗鴉廁所文學、私底下咒罵主管，而偷竊是一種混雜著破壞公物與增加私利的行為。這種個體化的行為，不是脫離外在環境制度而單獨存在的，而是一種抵抗資本支配的方式。

127

神靈附體而昏倒的女工：性別化的反抗行動

另外一種經常讓台商無法理解的情況是：「女工經常昏倒」，如果是單一個案，那麼就容易歸因到個人問題，但如果是一群女工集體昏倒，那麼原因就值得深究了。不管是在越南的北部或是南部的台資工廠，或者在馬來西亞、柬埔寨、中國，都發生過女工集體昏倒的情況。

2001 年訪問北越的一家台資工廠時，台灣幹部說，越南女生體力非常不好，經常在下午兩、三點的時候就體力不支昏倒。以前公司的政策是中午贊助工人每餐伙食費 2000 越南盾（約台幣 6 元），但是工人經常為了省錢，只花費了 500 盾（約台幣 1.5 元）去買兩根玉米吃。台商為了讓工人有體力，最後中午改由工廠供應員工午餐，我們去看了午餐內容，只有一道肉炒菜，以及一道湯，但白米飯隨意吃到飽。在當年、當地而言，算是已經比一般農村家庭還要好了，因為越南農村家庭幾乎很難得吃到肉。在 2016 年訪問越南的另外一家台資工廠，管理幹部同樣說，有些女工經常昏倒，他說：「昏倒的話，可能是因為不吃，造成昏倒，但近來比較少昏倒。」為何不吃呢？他認為是挑嘴、或者為了保持身材苗條。

經過了將近二十年的工業化，越南工人昏倒的事情仍被台商詮釋為「不吃飯，所以沒體力」，但是卻沒看到，此現象在許多資本主義生產方式萌芽的地方，都出現過；例如 Ong 研究 1970 年代的馬來西亞日資工廠的女工，或者潘毅研究的 1990 年代末期中國女工，以及 2014 年被廣泛報導的柬埔寨工廠女工因為被神靈附體，然後集體歇斯底里、昏倒的事件。這些研究都共同指出，昏倒或者被神靈附身、歇斯底里，都是透過身體脫離常軌的狀態，來表達對於工廠生活過度勞累的反抗。例如在柬埔寨，女工會透過神靈附身，責怪工廠管理者的無情，進而要求補償神靈，同時也補償工人的精神、體力消耗。「神靈想要得到尊重。祂要求建一座神龕，每個月供奉四次祭品。祂還要求，工廠老闆獻給祂一隻烤豬，並給工人們舉辦一場高棉新年慶祝會。老闆照辦了。暈倒事件就此終止。」外國記者 Wallace 這樣子寫道。

台商如何想像越
南女性勞工？

集體昏倒並非是公開與資方對抗，可以說是一種游擊刁術，表面看起來都沒有違反工廠規定，但是卻可以達到破壞正常生產流程的效果，而且也確實可以達到某些目的，例如改善伙食、提高津貼、多出一些休息時間，這些都是在爭取勞工的物質利益。

出現「集體昏倒」的情況，都是女工，不會有男工在裡頭，這也是一個性別化的集體行動，在社會普遍假定女性是柔弱的、或如台幹認為「愛漂亮的」，因此反而將「柔弱」轉化成為集體行動的工具，改善自己的勞動條件，這也可以說是一種日常生活的抵抗！

越南到底是不是母系社會啊？

回來看當時訪談的幾位台幹對於越南是「母系社會」的評論，是否正確？

A：越南應該是母系社會吧！

錯！越南的祖先祭祀，基本上是男性繼承。姓氏繼承自父親。結婚後可以從夫居、或自行在外居住，少從妻居。

B：越南應該是女生在賺錢。／ C：女生在賺錢，男生出去喝咖啡。／ D：老婆上班的時間，越南老公就在街上喝咖啡亂晃啊！

錯！根據世界銀行的統計，越南社會的勞動參與率，在 2015 年，男性為82%，女性為73%，男性也很認真在賺錢，不是只會喝咖啡。

此外，路邊或咖啡店裡頭坐了許多在喝咖啡的男生，他們是無所事事嗎？不是的，那是一個情報交換、喝咖啡聊是非的地方，所傳播的一些消息，成為都市裡頭商業活動的重要資訊。

B：越南女生比較多，因為越戰死了很多男生。

　　錯！2016 年的統計，越南 15 歲以下的男孩比女孩多一百萬人，15 至 65 歲的男性只比女性少十二萬人。越戰已經結束超過四十年了，當年的少女現在都變阿婆了，請不要再停留在美國打越戰的穿越時空想像了！

佛光大學社會學暨社會工作學系兼任助理教授　林倩如

竹科園區零工會的奇蹟背後：個別化的勞資關係

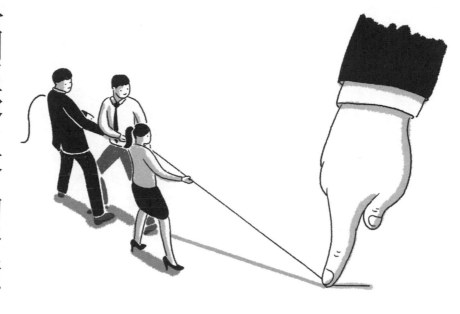

　　若要討論台灣勞動體制的轉變，大部分的台灣學者都將焦點放在 1987 年解除戒嚴之後，民主化賦予工人能量開始從事各種勞工運動。有些學者將焦點放在勞資糾紛和罷工運動，例如：1988 年的桃園客運工會為爭取年終獎金和 1989 年遠東化纖抗議公司不當的解雇工會成員。1990 年代台灣政府在面對全球化經濟的挑戰下，開始致力於發展高科技產業，人力密集的產業則移往中國或東南亞，有些雇主趁機惡意關廠，引發工人爭取退休金和資遣費的抗爭。2000 年則有公營事業的工會抗議民營化對員工權利的影響。除了勞資爭議和勞工運動之外，自主工會運動的興起和《勞動基準法》的修正也成為學者關注的目標。

竹科少勞資糾紛是因為福利好？

以勞工為主體的視角，構成台灣的勞動體制和勞資關係研究的主流。值得注意的是，作為高科技產業聚集地的新竹科學園區，除了零工會組織的狀態，也和上述一連串的勞工運動巧妙地絕緣。事實上，園區的勞資關係是相對和諧而穩定的。為什麼新竹科學園區在 1987 年之後，能夠長時間的維持一個穩定的和諧勞資關係？為什麼在長時間的工作下，新竹科學園區卻很少聽到大量的勞資糾紛？

大部分人的回答幾乎都是，福利好再加上股票分紅。然而，股票分紅費用化之後，股票對於高科技產業的員工是否還有如此大的魅力？在去掉股票的誘因之後，高科技產業的管理者究竟是施展何種魔法，將員工和管理者的衝突面降到最低，並且建立起穩定且和諧勞資關係？本文從管理者的角度來說明台灣高科技產業的勞資關係，亦即，所謂勞資和諧的假象是如何被製造出來？以期提供勞工朋友們作為反抗策略的參考與抗爭行動發展的可能性。

從管理者角度來看美國矽谷零工會的原因

要從管理者的角度來討論台灣高科技產業的勞資關係，首要面對的是園區的零工會。以美國勞資關係為例，從新政時期以來，是以集體協商為主的型態，1960 年代末期受到全球化經濟挑戰，白領階級和服務業遽增，而開始改變。

Thomas Kochan 等人發現管理者是比工會和國家最早對全球化經濟做出反應的行動者，並以管理者為中心發展出一套美國零工會的勞資關係。這個時期的零工會勞資關係，出現一種人力資源管理的專家，特別關注工作現場的工作設計和團體合作的管理策略，主要在強化員工參與式的管理和問題解決方案。Fred Foulkes 在針對美國公司的管理者進行一連串的訪談中發現，管理者表示公司可以完全取代工會的功能，因此工會沒有存在的必要。這些管理者甚至將工會的出現視為管理者的缺失和失敗。Foulkes 進一步指出管理

者基本上具備兩種功能，一種是具有執行工會的功能，另外一種是和員工建立互信互賴的功能，目的在於建立「工會是沒有必要的一種組織」的氛圍。Ruth Milkman 透過研究日本企業到美國加州投資設廠的個案中，進一步發展 Foulkes 的概念，指出了美國零工會模型比美國福特主義提供更多的參與和溝通，但是參與和溝通的程度卻又低於日本豐田主義。Milkman 總結美國零工會模型與福特主義和日本豐田主義最大的兩個不同點在於，第一是沒有任何工會組織型態的存在，第二是管理者的強力介入以避免工會的成立。

那麼美國零工會模型最常被使用在哪裡呢？就是在美國加州矽谷的科學園區。Jennifer Chun 在研究矽谷科學園區發現，管理者透過不同的管理策略建立起兩種不同的勞動體制，分別是契約式製造和外包式製造的勞動體制。契約式製造的勞動體制屬於資本集中和高自動化生產的產業。管理者企圖將員工培養成一個合作團隊來鞏固管理者和員工之間的關係。為了強化管理者和員工之間的合作，管理者利用內部勞動市場，例如：工作保障、升遷、福利和組織文化來強化員工的自願性服從。簡言之，契約式製造的勞動體制所強調的是管理者採用正向的誘因來管理員工。另外一種外包式製造的勞動體制則是屬於人力密集的產業，管理者試圖透過雇用策略，選擇性的雇用某種特定的族群來強調員工和管理者之間共同體的關係，藉此降低管理者和員工的敵對關係。

在面對矽谷科學園區的工會問題，Karen Hossfeld 發現管理者一旦知道員工有組織工會的意圖，便會以關廠和加強自動化來脅迫員工和阻止工會的成立。再者，管理者大多透過以族群和國族主義的雇用策略來分化勞工。例如，傾向雇用移民女性，因為她們比男性更具有耐心和良好的溝通能力。在這些移民女性當中，管理者對於來自東亞的女性有較正面的評價與想像，並且將她們視為最適合高科技產業作業員的最佳人選，主要原因在於東亞女性具有勤儉持家的傳統文化、可以忍受長時間的工作和儲存退休金等等的習慣。因此，矽谷科學園區成功的使用性別、種族主義、國家主義來分化和控制工人，更重要的是阻止工會的成立。

雖然說台灣高科技產業採用零工會的管理方式受到美國加州矽谷的影響，但是人力資源管理策略並無固定的模式，而是以各種不同的形態普遍存在各個不同的國家和工作現場。那麼台灣高科技產業的管理者，又是發明何種管理策略來建立穩定且和諧的勞資關係，並且阻止工會的成立呢？

▎透過資方主導的勞資會議取代工會功能

　　台灣高科技產業基本上建立起一套完整的溝通計畫，從母公司所主持的勞資會議、各地方廠區的季訓練和每個月的生產線上的情緒輔導來取代工會的功能。根據勞資會議實施準則，勞資會議每三個月要定期召開一次。事實上，勞資會議的勞方代表通常是由線上領班代表，很少是由勞方自己選舉出來的。勞方代表的人數是根據每一個廠有多少的工作站所決定。每一個工作站基本上都有一個勞方代表。勞資會議是由母公司主持。首先由每一個廠的勞資關係部門進行報告，報告的內容通常以每個廠的管理部門近期所做的一些管理上的改變和意見箱裡的意見為主。這些意見箱分別被放在員工休息室和餐廳，作為員工和主管間接溝通的工具。接著，勞方代表開始報告從直接人員所收集來的意見。這些意見大部分都是超時工作、薪水問題、餐廳問題或者是交通車問題。

　　根據人力資源部門的主管表示，勞資會議的定期召開提供每一個廠區的員工溝通管道，因此員工的這些問題都屬於瑣碎的問題，沒有大型勞資糾紛的出現。事實上，勞資會議雖然取代工會的角色，但是並不是資方和勞方的一個平行的溝通，反而是由資方所主導，主要的功能在要求勞方代表將母公司的政策和決策帶回給工作現場的直接人員加以執行。

　　為了避免大型的勞資問題出現，在由母公司所主持的勞資會議，地方廠區都會提供多種員工溝通管道。季訓練提供了一個主要的溝通管道，來維持地方廠區的和諧勞資氣氛。季訓練一年舉行四次，每一次的訓練持續 3 至 4 小時，通常由母公司的人力資源部門所負責，主要根據兩個部分：第一個部分是每個廠的廠長和製造部門的主管與每一位直接人員進行面對面的溝通，

彌補勞資會議上勞方代表僅是線上領班，主要目的在製造公司正面的形象和多元化的溝通管道，並且阻止大型的勞資爭議出現在母公司所主持的勞資會議。第二個部分是公司價值觀的訓練。這跟每個月由製造部門所舉辦的技能訓練有所不同。價值觀訓練是母公司的人力資源部門，針對地方廠區的員工基本資料安排不同的講座和演講。例如：對於已婚員工比較多的地方廠區，通常會安排如何平衡工作和家庭生活的相關演講，對於未婚員工比較多的廠區，則是安排如何紓解壓力或是在空閒時間如何培養興趣等相關演講。

建立一對一溝通，避免發生集體爭議

除了根據每個廠區的特性所舉辦的季訓練之外，各地方廠區則會每個月自行安排線上領班對自己生產線上的直接人員進行情緒輔導。線上領班通常利用休息時間對自己線上的每位直接人員進行工作和生活上的關心，主要目的在建立個人化的一對一溝通和避免集體爭議的發生，而直接人員也都認為每個月的線上情緒輔導有助於拉近她們和領班之間的感情，同時也有助於生產線上工作的進行。

另外，為了要持續鞏固員工的個別化與避免集體勞資糾紛的出現，高科技產業公司更在工廠裡面設置意見箱。一般來說，意見箱都由母公司所設置，並且在勞資會議上面被提出來討論。為了避免員工問題上達到由母公司所主持的勞資會議，每一個地方廠區的廠長試圖在母公司的意見箱旁邊再另外設置一個廠級的意見箱，並且鼓勵自己廠內的員工先把意見放置在廠級的意見箱。當我問到是否母公司的意見箱裡面的匿名意見是否就會減少？廠長回答：會，事實上，意見箱裡面的問題都是些小問題，所以這些員工的小問題馬上就可以在自己工廠內部解決，完全不用等到勞資會議才解決。隨著廠級意見箱的設置，高科技產業成功的建立起員工的個別化，將個別的勞資問題侷限在每個廠區的工作現場，而不會擴大爆發至母公司主持的勞資會議。

台灣高科技產業的人力資源管理者，發展出一套從上到下的完整溝通計畫來避免集體的勞資爭議與工會的成立。管理者試圖從母公司的勞資會議、

地方廠區的季訓練和每個月的生產線上的情緒輔導，來取代傳統工會的功能，最終目的都是在於讓員工覺得他們每一個人的聲音可以透過各種管道被公司所傾聽。這種從上到下的完整溝通策略試圖建立起一種個別化的勞資關係，即是個別化的工人相對於團結化的管理者，避免勞工團結起來組織工會。這種個別化的勞資關係是與美國矽谷的管理者透過族群和種族來分化員工，試圖建立起小團體的勞資關係是不一樣的。

個別化勞資關係仍無法解決集體勞資衝突

　　面對高科技產業所建立起的個別化勞資關係，新竹科學園區的勞資關係是否就真的穩定且和諧了呢？事實上，在 2009 年初所爆發的台積電裁員抗爭就挑戰了園區長久以來所建立起的勞資和諧的假象。在持續兩個多月的抗爭中，台積電自救會會員成立的部落格：「台積電裁員非自願離職員工的心聲園地」，成為了許多台積電自救會會員、非會員、在職員工匿名的發聲處，網路世界儼然成為另外一個抗爭的現場，也直接打臉了高科技產業引以為豪的從上到下的完整溝通策略。套用一句工運前輩常掛在嘴邊的話，個別的工人其實都不大，但是團結起來最大。不管你是屬於人生勝利組的高科技新貴，或者如王宏仁老師所說的魯蛇，都要學會團結，也唯有團結才能夠從資方奪回工人應有的權利。

　　近年來，科學園區的員工開始組織台灣電子電機資訊產業工會以及桃園市電子產業工會，試圖跨越容易受到雇主控制的單一場廠工會限制，主要目的在於凝聚高科技產業的勞工意識以及改善勞動條件。然而，當台灣電子電機資訊產業工會到台積電所舉辦的員工運動會，進行工會宣傳與會員招募活動，卻遭受到工作人員出面阻止，希望工會可以離開。工會人員說明僅有舉牌和發傳單，不會影響運動會的進行，而不願意離開。最後工作人員報警，警方先是進行勸離，後以違反《社會秩序維護法》將工會人員帶離現場。同樣的情況也發生在桃園市電子產業工會欲進入宏達電的親子園遊會，進行工會宣傳活動以及主張勞工排定特休日期的權益，卻遭受到資方派出的保全加以阻擋而無法進入。

產業工會的入場權問題與企業秩序之間的衝突該如何解決？產業工會活動自由範疇的界線在哪裡？抑或是企業秩序的界線又在哪裡？儘管台積電裁員的抗爭運動已經結束，但是這些外顯的抗爭力量逐漸進入隱晦的工會活動，近似於一種日常生活的抵抗，這是指被支配者在缺乏公開的反抗環境下，只能採取弱者的策略，其反抗目的不是在推翻整個壓迫性結構，而是試圖在現有結構下將損失降到最低，藉以維持生存條件。儘管工會活動的抵抗不足以公開反抗雇主，但是卻可以限制雇主控制的權力，更重要的是將可以成為凝聚勞工團結的基礎。

延伸閱讀

1.　科學園區勞動人權協會，《亮麗蘋果裡的腐敗——是誰讓半導體教父張忠謀說感到痛心與遺憾？》，新竹：科學園區勞動人權協會，2009 年。

屏東大學社會發展學系副教授 邱毓斌

新年到，揮別「招裁禁飽、薪餉四成」的人生？

年終歲末尾牙宴，通常是喜氣洋洋的，即使不是為了老闆闊氣的紅包摸彩，也是為了即將到來的春節假期，人們互道財源滾滾、招財進寶、心想事成。至於丟了工作，沒了頭路，即將面對無盡長假的勞工，還有得吃尾牙嗎？2007 年 1 月，「裁員滾滾、招裁禁飽、薪餉四成」這三句化成紅幡，飄揚在自由廣場。那是團結工聯主辦的「失業勞工尾牙」，席開十桌。

那當然是一場抗議活動，雖然名為失業勞工尾牙，但是實際上到場的都是「假失業勞工」──他們是來自各縣市產業總工會的理監事們。這樣的行動凸顯了台灣工運的一個特質：絕大多數深受其害的勞工們，因為沒有組織，鮮少能採取集體行動，而必須倚賴那些有工作、有工會的幹部們來替他們發聲。

2013 年，同樣是過年前，我應邀到中央研究院社會學研究所演講，題目是「舊的不去，新的不來？台灣勞工運動的挑戰」，大抵是整理我的博士論文其中一部分，討論台灣的自主工會運動在國民黨威權統治所留下的歷史遺產中如何成長與受限，在場的學者提出了許多問題，讓我從不同的角度在知識上與運動實務上繼續發想。

台大社會系柯志哲老師的問題，大概是最一針見血的，某種程度也相映了文章開頭的場景，他問說非典型雇用勞工非常難以組織，工運究竟要如何突破來進行組織呢？這個難題，不只我無法提供立即的答案，全世界許多工會組織者也是想破頭。因為台灣以企業／廠場工會為主力的工會運動，明顯地對於非典型受雇者採取了消極的態度。不過，就像村上春樹說文學家不能畏懼評論家一樣，無論是對研究者或者是工運組織者來說，如何去組織那些沒有被組織的勞工？這是個無以迴避的問題。

組織的難題

非典型雇用勞工之所以難以組織，有兩個特性：第一是所處產業的特殊性，比如說雇員流動性高、工作場所分散，或者雇用關係不清楚等；第二是工作特性，比如說技術性低容易替代、勞動保障低、或者工時長或不穩定等等。換言之，非典型雇用幾乎是集合了勞動歷史上所有不利組織的因素。可以想見，既然不利組織，缺乏工會保護與談判能力，所以勞動條件非常容易被壓低。

在中研院演講的最後，柯志明老師評論我的研究可以稱為一種歷史研究，並且鼓勵我繼續再往過去的歷史追下去。他說，把故事說好，後人比較有機會看到答案。他們的提問與評論，讓我在回程路上想了許久，激起了我就這個問題再往前推進一些想法。

首先，台灣的非典型雇用受雇者，或者講廣一點，所謂弱勢勞工（比如說：月薪 1 萬 8 千到 2 萬 2 千，有工作的窮人等），真的都沒有被組織的嗎？

其實不然，許多弱勢勞工固然沒有機會組成企業工會，但是，他們很多都是職業工會的會員。台灣的職業工會在威權體制下是被定位為「國家勞工保險代辦機構」（後來又加上全民健保）而存在著。受雇十人以下的勞工（1989年改為五人）、無特定雇主之勞工、自營作業者，都必須加入所屬的職業工會，才有機會加入勞工保險。所以，我們看到各種職業幾乎都有工會存在，否則這些社會基層的職業工人就無法加入勞工保險這個在戒嚴時期最關鍵的社會保障制度；也因為如此，職業工會的會員人數非常多，1990年已達200萬人之多。在民主化之前，絕大多數的職業工會當然都是國民黨政權的支持者／樁腳；多數職業工會由雇主或者地方政治人物把持，對於1980年代中期以來的勞資衝突不聞不問，也構成了保守的中華民國全國總工會體制。

▍職業工會：從台灣到美國

說來很諷刺，職業工會是全台灣最大的人民團體，2018年會員數已經來到270萬人，卻沒有引起多少的研究興趣。包含我在內的工會研究者，主要多是聚焦在企業／廠場工會這個區塊，一個顯見的理由是這些廠場工會，而不是職業工會，在政治轉型過程中挑戰了既有的勞資政關係。不過，值得注意的是，自解嚴以來，職業工會本身也在發生變化：除了原本清一色偏國民黨的政治屬性逐漸鬆動之外，職業工會的分化也日趨激烈，1987年只有1286個職業工會，到了2018年已經成長到4161個。有利可圖、分裂競爭都是可能的解釋，我們可以確定的是，因為競爭激烈，現在的職業工會不再像過去只要等著會員上門投保就成，而必須採取比較積極的招募手段才能存活。

職業工會的組織範疇是「跨工作場所／公司行號」的，這與企業／廠場工會固守於「單一廠區／企業」的範疇是完全不同的；而前者會員數有270萬人，後者只有58萬人，可偏偏只有後者比較有戰鬥性，但這個有戰鬥性的企業工會組織率只有6.8%。如何讓這個被侷限於各企業／廠區內的工會戰鬥性，跨越公司大門、跨越不同工作場所，往外傳到服務業、非典型雇用勞工呢？如果讓戰鬥性的企業工會與跨工作場所組織的職業工會兩者經驗進行對話，或許可以找到讓台灣工會運動再活化的契機。不過，在繼續討論台灣之

新年到，揮別「招裁禁飽、薪餉四成」的人生？

前，讓我先插一段美國工運的歷史發展。

很多人都知道，美國的總工會「勞聯—產聯（American Federation of Labor-Congress of Industrial Organization, AFL-CIO）」是由兩個總工會在 1955 年合併的：勞聯成立於 1886 年，是由工匠工會、職業工會以及早期的行業工會所組成的；產聯則是成立於大規模工業生產奠基的 1936 年，主要是涵蓋製造業的藍領工人。勞聯—產聯在戰後保守的工會意識，狹隘地定義為只為現有會員服務，使得工會組織率在 1970 年代後逐年下滑，進而在 1980 年代末引發了美國工運的大辯論：維持既有的「服務型工會主義」或轉型成為對外拓展新會員的「組織型工會主義」。後來顯然是後者占了上風，許多工會開始轉移力量去開拓更多會員。但是，仍有許多工會嫌勞聯—產聯的領導階層太過保守，轉型不夠，於是有部分工會在 2005 年宣布退出勞聯—產聯，另組一個新的總工會，從名字就可以看得出企圖心：「改革能贏」（Change to Win）。

「改革能贏」的陣營中的主力是「國際服務業雇員總工會（Service Employees International Union, SEIU）」。這個工會早期是勞聯的會員工會，以組織建築業工人、地產物業工人為主，後來演變成跨行業的服務業勞工的總工會。其中最有名的一波運動就是後來被英國導演 Ken Loach 拍成電影《麵包與玫瑰》（Bread and Roses）的清潔工的正義（Justice for Janitors）運動，成功地在美國許多都市組織了保全與清潔工（許多是拉丁美洲移工）的工會。

當時在美國加州大學洛杉磯分校教書的社會學者 Ruth Milkman 在 2006 年出版了一本書：《洛杉磯故事：移工和美國勞工運動的未來》（L.A Story: Immigrant Workers and the Future of the U.S. Labor Movement）來回顧這段洛杉磯地區移工組織的歷史。除了特殊的歷史與產業因素之外，Milkman 注意到：對照於產聯系統工會慣常以大工廠／福特主義生產單位的工會運作型態，勞聯系統工會依照職業，而且「跨工作場所／跨公司」的組織慣習，特別適合於新興的低階服務業或者是雇用關係複雜的製造業外包體系。這解釋了為什麼國際服務業雇員總工會以及另一個「改革能贏」主力工會 UNITE-HERE（旅館、餐飲、紡織、成衣工聯）在組織擴展的成績比傳統的產聯工會要好。

如何串起企業工會與職業工會的經驗？

回到台灣。廠場工會（2010年《工會法》修正後改稱企業工會）的會員擴大不了，職業工會又仍多數只關心辦理勞健保業務，怎麼辦？我從來是反對所謂「打掉重練」的說法，因為一方面不可能發生——現有工會總會員數超過400萬，他們不可能退出原有工會來加入新的工會；另一方面，「打掉重練」也沒有必要——這個舊的基礎不是完全頹圮不堪用的。重點是如何橋接兩類工會的歷史經驗以及長處，展開新的工會組織視野。

在這個意義上，柯志明老師給的歷史研究方向，或許能耙梳出一些可能的答案給柯志哲老師的提問：「我們要展開職業工會的歷史研究」。這包括了職業工會的組織想像與社會視野，職業工會的領導階層與會務人員的分析，工會組織與社會安全體系之間的關係等等。即便職業工會的會員拓展多數停留在「招募」尚未達到「組織」的程度，但是缺乏這些知識，我們無法累積出本土的跨工作單位、屬於弱勢勞工的組織經驗。

過去二十年的自主工運，的確贏得或者守住了許多重要戰役，但是要承認的是，許多職業的勞動者並沒有獲得任何的保障：比如說建築工人、港口與運輸工人、製造業外包小廠工人、基層服務業勞工等等，都不易形成有效的集體組織與行動。為什麼呢？如果企業內有工會，企業工會規模小很容易被資方擊垮；或者勞工加入的是職業工會，但多數職業工會的保守領導階層（通常是資方）只願意提供勞健保方面的服務，根本無意幫勞工爭取權益；或者更差的是，勞工根本沒有機會加入任何工會，根本沒有行動的可能。

回顧來看，台灣有的是兩群工會幹部的組織經驗：一種是熟悉勞動三法、較具有勞動意識，但是被分割於各事業內部，從而嫻熟各企業人事法令與勞資協商的企業／廠場工會幹部，另一方是：熟悉勞工保險事務，乃至車禍調解、民事調解、地方政治知識，同時具備跨工作場所招收會員經驗的職業工會幹部。簡單說，企業工會這邊關注勞權集體抗爭，但是被分割於各企業或各工廠裡；職業工會這邊則不會抗爭只搞服務，但是擅長於四處招攬會員。

142

新年到，揮別「招裁禁飽、薪餉四成」的人生？

如何組織弱勢勞工來挑戰惡化的勞動環境，並不是單方面所能完成的。有效地促使兩方經驗對話、交流、辯論，將會是一個重要的開始；也唯有如此，2010年新修正的《工會法》所允許的第三種工會「產業工會（以行業為組織範疇）」，才會有現實的發展基礎。

工會不是永遠被動的行動者

當然，工會運動不純然是被動的行動者。眼見企業工會的侷限不斷地出現，例如：工會幹部只對於自己企業的議題感到興趣；企業一旦出現分割、整併、歇業，企業工會的實力與存續立刻受到影響；多數中小型企業裡，成立工會不易；即便成立之後，面對強勢雇主，企業工會也很難保持高昂的戰鬥性，於是我們近年看到一些企業工會以外的嘗試。最近十年，我們看到：幼教老師與中小學老師紛紛採取了職業工會或者產業工會的組織形式，社福產業的勞工採取了職業工會的形式，電子業勞工與高教產業受雇者組成了產業工會；最明顯的例子是：2016年的華航空服員罷工、2019年的華航機師罷工與長榮空服員罷工，都是由職業工會而非所屬的企業工會所發動。這些都是台灣工會運動試圖擺脫威權時期工會體制桎梏的新發展。如何能夠跨越「廠區／企業」這些由資本所劃下的界線，積極地團結更多勞工，有效地展示工會的戰鬥性，成為目前工會運動組織發展的重要課題。

不過，上述這些嘗試，仍然限於技術含量較高的專業受雇者。日常生活中，經常看到沒有帶著任何防護措施的工地工人、每逢週年慶就過勞的賣場百貨人員、深夜還在工作的連鎖企業受雇者、奔走於各機構大樓的外包清潔人員、或者是噴在牆上或電線桿上的廣告「粗工請電0928xxxxxx」。我都會想，他／她們會想要一個有效的、可以提供保障的工會嗎？為什麼他／她們沒有加入工會？又或者為什麼他／她們只能待在那些無效的職業工會？

前面提到的 Ruth Milkman 教授，後來轉到了紐約教書，繼續研究服務業裡的非典型雇用勞工，繼《洛杉磯故事》之後，編了《紐約的新勞工：臨時工和勞工運動的未來》（*New Labor in New York: Precarious Workers and the Future of the*

Labor Movement）這本書。她的年輕同事 Peter Ikeler 針對紐約的街販勞動者、百貨零售人員的工會發展進行了第一手研究。他告訴我們，這些一般以為很難組織的服務業勞工、非典型雇用勞工，其實只要工會能夠針對受雇型態的特性加以掌握，投入一定的資源並擬定出有效的組織策略，不見得注定就是一盤散沙。我們對那擁有 270 萬會員的職業工會了解多少呢？職業工會有可能轉型成比較進步的工會嗎？他們傳統的跨工作場所「拉會員入會」策略，可以為工運帶來什麼樣新的組織工作想像？如何有效組織起那些容易落入「招裁禁飽、薪餉四成」命運的勞工？或許我們該試著在自己的工會歷史中找到未來。

part.4

第四篇 消費萬萬歲

戴上「現代」：日本及台灣草帽的誕生與流行　　　　　苗延威

都市的大型慶典：狂歡解放？財團宰制？　　　　　　董建宏

巨型活動進化史：由民族主義到資本主義的兩種都市競技場　蘇碩斌

「砍掉重練」的世界觀：你想線性累積？或是循環重生？　蘇碩斌

消費如何改變社會？從兩個消費者組織的故事談起　　　萬尹亮

政治大學社會學系副教授　苗延威

戴上「現代」：日本及台灣草帽的誕生與流行

▎從日本的草帽談起：真田紐和麥稈真田帽

　　本文想從一個特別的日本物件「真田紐」談起，述說一段台灣「大甲帽」在三百年之後，站上全球時尚舞台的歷史。話說西元 1600 年日本的安土桃山時代，石田三成討伐德川家康卻兵敗關原，加入石田陣營的真田幸村與父親遭德川家康流放至紀伊國九度山村，待了十四年才離開，前赴大阪為奄奄一息的豐臣秀賴政權效命。在流放歲月裡，真田一家過著物資匱乏的生活，直到他創造出真田紐，將技術賣給村民，從中抽取利潤，經濟狀況才有所改善。

關於這個名稱，一說這是真田幸村本人的要求，又有一說是這個編物在大阪等地流傳開來，不僅是由於「真田」善戰之名，而且還隱含著對豐臣和真田的悼念，同時又委婉地表示對幕府政權的不滿。不論如何，這個帶有政治抗議色彩的土產，竟在德川幕府倒台後不久，因緣際會地躍上了全球時尚的舞台。

1872 年，有位叫川田谷五郎的橫濱町政府官員，眼見洋人戴的夏帽似乎蔚為時尚，可以運用真田紐編就，因此進行產品研發，創造了日本製的歐風草帽，名為「麥稈真田帽」這項新產品出現在維新政府宣布散髮令之後，為實行斷髮的民眾提供一個佩戴新自我的選擇。搭配正式西裝的冬季禮帽，是明治維新後日本裁縫師取法西方的圓頂毛氈硬禮帽，製成日式的「山高帽」，材料是羊毛氈，價格不菲，屬於高檔貨，尋常人家消費不起。相對的，夏季的麥稈真田帽則價廉輕便，又具有歐洲文化氣息，深受十九世紀末日本人歡迎。

幕末／維新時期的江戶（東京），跟晚清上海租界類似，充滿著西洋文化刺激，洋服、洋食、洋房等等「洋貨」無不挑戰、挑逗著當地人民的感官，而日本民間社會應對這些源源不絕的新鮮洋貨的方式，包括了無止盡的傳散、拼湊和模仿，這是人們在日常生活中的「創造性挪用」，也是一種意義仿生、轉譯和誤譯的過程。人類服飾與配件的樣式均有其歷史發展過程，仿效外國時尚固然是重要因素，但對十九世紀末許多非西方民眾來說，洋服和洋妝都是透過外貌的改換以展示「現代」的手段，迅速而實際地對身體自我進行文化轉形與轉型。在這個過程裡，移植進來的歐風物件，或多或少已被仿造物抖落了它們原有的文化意含，與此同時，被召喚參與仿造的地方物件，則梳攏出新的意義脈絡。例如，原本用於纏捲武士刀柄、綑縛茶道具桐箱或經文箱的真田紐，是一種道地傳統文化的配飾，如今則用以編製外來形制的帽子，以異文化之姿戴在本地人頭上。於是，在這一系列打造新身體的歐化時尚性方案裡，菁英階級的山高帽和平民階層的麥稈真田帽，共同構成十九世紀日本人頭頂上的現代性配件。

運用傳統手工藝技術與在地纖維物料的麥稈真田帽，和諸多「在地化的洋貨」一樣，都是誕生於社會變革之中的新興產業。此後，歐式草帽不僅進入日本，豐富了麥稈編織的品項，還經由日本的殖民統治，催生了台灣的洋草帽產業——大甲帽與林投帽。

▍大量使用婦女與兒童勞動力的大甲帽和林投帽

日本統治台灣後不久，台灣就興起了自己的草帽業。以藺草編織工藝為基礎發展出來的藺草帽，雖以苑裡為主要產地，但因經由大甲傳銷島內外，所以被稱為「大甲帽」。以台灣海濱常見的林投樹葉為原物料編成的草帽，則稱做「林投帽」或「淡水帽」。在 1900 年代，大甲帽與林投帽是日本內地勸業展覽會的常客，有時也稱為「東洋巴拿馬帽」或「台灣巴拿馬帽」。1910 年代開始，漢人斷髮風潮帶動草帽產業蓬勃發展，國際銷路也大開，1912 年已售出百萬頂；台灣總督府在 1915 年將斷髮納入保甲規約，當年的草帽銷售量亦隨之增加到 250 萬頂，到了 1916 至 1919 年間更高達 300 萬頂，並呈現供不應求之勢。

驚人的銷售數字意味著大規模勞動力的投入。草編是一項相對較不費力而且技術門檻較低的農村副業，當草編產品在市場上有一定的價格與通路時，為了貼補家用，婦女和女孩便成了撐起產業的勞動大軍。歐洲也是如此，以英國來說，草編業自十八世紀已有相當發展，而且被視為是一項女性職業，1818 年的一份國會報告說道，從事草編的家庭裡，妻子和小孩賺的錢往往比丈夫多。

大甲帽產業的崛起，同樣有賴地方女性和兒童勞動力的投入。據說是在1897 年，苑裡辦務署署長淺井元齡發現，當地婦女洪鴦的藺草編蓆技術優異，要她試編草帽，並傳授技藝給其他婦女，其後更將藺編草帽商品化，由大甲商人推銷到日本。1906 年的一篇報導說道，苑裡女孩於十二、三歲時，即開始學習編藺，編藺女孩每天估計即有一、二十錢的工資，至「成人藝成之日，一日可得製造資數十錢，或至一圓」；在當時，只要家中有人從事帽蓆的編

織，就夠維持整個家庭生計。不過，勞動產值和身價的提高，並未讓她們因此享有較高的家庭地位，根據一些口述歷史的記載，蓆編技藝反而讓苑裡婦女的生活更加忙碌辛苦。由於婦女們仍需顧及家務勞動和農務工作，因此草帽編織場所以自家為主，趁農閒時或是白天農務工作告一段落的餘暇，才能從事編織。如果需要在夜間趕工時，最初僅能藉著燭光工作，到了 1912 年，草帽單價飆高的年代，大甲一帶因為帽蓆產業利潤可觀，成為台灣中部早先供電的街庄。

除了大甲帽之外，林投帽在 1900 至 1910 年代也是很受市場歡迎的產品。投資林投帽業的日本人，一開始是運用監獄受刑人的勞動力，使得他們在經營上占了很大的便宜。林投帽的發明者據說是彰化監獄的日籍官吏，他最早利用受刑人勞動力來生產。由於銷路不錯，台中、台北、台南、嘉義、宜蘭等地監獄，紛紛起而效尤，進軍草帽市場。不過，監獄勞動力尚不足以撐起這項產業，編織林投帽的主力依然是女工。台灣女革命家謝雪紅在她的口述自傳《我的半生記》裡，仔細描述了她在 1910 年代前半，跟著母親幫忙處理「林投絲」論件計酬零工的經歷，當時她的年紀約當 10 到 13 歲。林投葉纖維，從到野外割下葉肉到抽取纖維，程序相當繁複，包括割葉、裂葉、沸煮、剝除葉肉等，基本上仍需男工或熟練女工來做，謝雪紅還小，做的是敲林投絲的工作，屬於較前頭的工序。老闆收購林投絲之後，再分給家庭婦女編帽子。編帽子需要勤勉手巧的人才能勝任，一頂普通的帽子，大概要耗費一至三天的工夫，工資大約七、八錢至一圓，如果是採用白細林投絲為原料的上等帽子，編好一頂可得三、四圓，那更須要有高超的技術，且要花更多的時間才能編成，依謝雪紅的說法，「這是當年婦女最能賺錢的工作」。

台灣草帽業在戰爭時期，因為國際航線斷絕等因素，外銷停頓，轉為內銷，並成為國家軍需工業的一環，製作軍用夏帽。為了挽救出口下滑的困境，日本政府曾試圖推行若干輔導措施，包括成立「台灣帽子興業株式會社」、「台灣帽子同業組織聯合會」等團體，並廣辦講習課程、舉辦展覽會、進行市場調查、向外國進口商宣傳、參加國際貿易商展覽會等等，因此在 1941 至 1942 年的惡劣國際局勢之下，台灣帽子仍能外銷 258 萬頂，苑裡草帽的產值

甚至高達 100 萬圓之多。小池金之助在《台灣帽子の話》（1943）裡，即收入了數張「台灣帽子同業組織聯合會」前往泰國等東南亞地區推廣台灣草帽的海報，而這也意味著「國家」已經成為支撐這個產業的要角。

作為現代性配件的草帽

在新舊時代中掙扎的東亞人民，換穿西服以象徵身體自我的與時並進；借用 Susan Hiner 的概念，短髮與西服都算是他們的「現代性配件」。在她的研究中，十九世紀法國女性運用絲絨、喀什米爾羊毛、蕾絲等裝飾品，來表達新時代的時髦品味，而它們則具體而微地成為現代性的物質象徵。這些物件的時尚感一方面鑲嵌在帝國擴張、文明禮儀要求、快速社會流動，以及性別化、階層化與商品化的社會實踐當中；另一方面又因為佩戴它們的名媛貴婦身兼消費者與社交附屬品，這個弔詭的位置調和了異國風情與端莊優雅、流行商品與精緻藝術之間的距離，使得佩戴者既是展示的主體，也是被展示的客體。

十九世紀末、二十世紀初的洋草帽呈顯出一種「殖民現代性」，兼具資本主義化的工具理性，以及殖民主義式的物質文化挪移與生產／消費依賴關係。殖民現代性傾向卸除傳統符碼、拼裝帝國符碼，所以在感官屬性較強的文化技術層次上，可以達到快速裝潢的目的，讓人輕易地就看得到、聽得到、吃得到、聞得到、摸得到新時代的物質性。而這些感官文化，又交織出自成一系的歡愉經驗和品味，透過飲食、服飾、空間、移動、音樂、繪畫等等，召喚著個人在某個部分產生相應的認同。這些物質性、感官性的召喚，不可避免的要以身體為媒介，進行著不同於傳統體驗的消費和刺激。即使在具有流行特性的消費形態裡，重複和習慣化都是消費活動最重要的特質，這種因為身體的要求而產生的慣性，反過來又促使感官商品以細緻的差異創造風格化的系列品項，共構一個快速、多重、揉雜的感官世界。

帽子是 1960 年代以前，西方男子最具秀異性的衣著物件，相當程度上，這是因為它的價位適中，比起西裝和大衣，更能提供一種理想的社會條件以

戴上「現代」

消弭傳統的階級差異，同時又能夠彰顯特定的社會層級。草帽的原料雖然便宜，但是精巧細膩的手工技藝卻可以幫它們加值，使之產生出獨特的平價時尚感，對於想望用少量花費即可沾染現代性氛圍的消費大眾，這是一種時代的誘惑。若說現代性認同誕生於摸索與迷惘之中，那麼，仿造的洋草帽，既滿足了形式上的鏡中自我，也擺脫了其他殖民現代性指標物品往往要求的階級條件，讓大多數人都有機會，以平易近人的價格和極具在地色彩的材料，佩戴出他們的「現代」和「全球」。

都市的大型慶典…狂歡解放？財團宰制？

中興大學景觀與遊憩碩士學位學程助理教授 董建宏

慶典到底是怎麼一回事？從人類學的觀點思考，慶典的起源與傳統的建構並不一定是一種直接的連續。相對的，透過更多的人類學與社會心理的調查，發覺許多慶典跟過往人類漁獵或農耕的生活模式息息相關。當我們的祖先必須仰賴大量勞動與大自然的恩賜來維持生命時，慶典活動就成為他們感謝上蒼的一個方式。但是，慶典真的只是一場感謝全能大自然對於人類恩庇的儀式嗎？還是有著其他的意義與功能？而這樣的慶典活動，對於人類生活的環境，是否又塑造了不一樣的空間呢？

芭芭拉‧艾倫瑞克（Barbara Ehrenreich）所撰寫的《嘉年華的誕生》（*Dancing in the Streets: A History of Collective Joy*）書中提到，在原始時代看似慶典的聚會，或許是人們為了集體獵殺相對龐大的動物所群聚一起，並用類似舞蹈的方式，

驚嚇那些野獸。而後，在信史時代，我們看到相關的慶典紀錄，都與許多經濟活動有關。在慶祝豐收的儀式、凱旋勝利的活動上，我們都可以看到不同模式的慶典。這些慶典，除了感謝神明的庇佑外，也有著資源分享的經濟意義。透過慶典的舉辦，許多人將自己多餘的資源拿出來分享，人們在一定程度上，消弭因為經濟生產所產生的階級落差，避免因為積累的差異，累積成為社會成員間的憤恨。

慶典儀式：信仰與生活解放的分離

在許多原始文明中，我們都可以看到誇富宴（Potlatch）的出現。事實上，台灣廟會與賽神活動，也有類似的概念。透過慶典活動的舉辦，以及大量物資的提供，讓村落中相對經濟弱勢者，取得暫時的安置與生活的穩定。另外一個意義，就是暫時消弭階級的界線。盛行一時的化妝舞會，一方面是為了慶祝貴族們的重大勝利或活動，另一方面，卻也是透過面具的遮掩，適度放開他們長期以來被階級位置所束縛的狂野心情，跨越階級的界線，讓整個慶典氣氛更加地歡慶。於是乎，許多慶典活動到最後，就會有踰越當時正常社會規範的行徑。

為了避免社會秩序的混亂，或者避免被壓迫者透過慶典活動來挑戰統治者，中世紀，甚至啟蒙之後的統治者，紛紛對慶典活動進行壓制。這些壓制，事實上是伴隨著宗教改革與現代性、工業文明的發展，企圖建立人類生活的規範與穩定性，以符合經濟發展與政治治理的秩序性。但是，這樣一種剝奪歡愉權利、或者剝奪短暫模糊階級對立的可能性，卻也是對當代社會的一項挑戰。

於是，政治領袖開始創造屬於政治的慶典活動，企圖透過慶典儀式的感染力，來貫徹統治者的意識型態，並嘗試轉移群眾的不滿。法西斯的廣場儀式、閱兵，與左翼社會主義政黨、共產黨的群眾大會等，無一不是政治領袖與政黨，嘗試透過類似慶典的活動，來宣揚統治者的意識型態，並藉由慶典的集體性與歡愉性，將新的政治秩序貫穿其中。

只是，政治的秩序性本來就與慶典的破壞性相衝突。因此，這些政治性的集會逐漸凋零。相反的，資本主義體系卻妥善運用了人類對於集體狂歡的追尋，創造了一連串的商業性活動，來滿足人類對於慶典的追求。因此，我們在二十世紀的後期，看到了許多巨型的演唱會，甚至原本是運動競技的場域及活動，也在商業資本的介入之下，成為各國形塑城市空間與市民活動的主要規劃原則。這樣的商業性的慶典活動，對於我們生活的城市，又有怎樣的影響呢？

城市的慶典記憶與發展的衝突

城市的記憶與城市的慶典活動是有連結的。慶典本來的意涵就是一種休閒活動，一種追尋生活歡愉的過程。而在當代工業城市的發展過程中，為了避免勞動者過度的疲憊，同時提供城市居民適當的休憩環境，以利情緒的宣洩，因此，開放空間的規劃一直是都市發展的重要課題。公園、遊樂場、運動場等遊憩空間的規劃與活動，就成為都市居民生活中重要的慶典記憶。

在當代城市的發展過程中，遊樂園的興起是一個有趣的慶典空間。兒童們到遊樂園遊玩，是生活中重大的娛樂，甚至是家庭生活的重大慶典。遊樂園中的許多遊憩設施，也是為了滿足與紓解人們在工業化社會下，不斷被壓抑的心靈與所積累的龐大壓力。各式各樣的遊樂器材，不斷的在遊樂園中推陳出新，讓人們可以透過短暫的活動刺激宣洩情緒。例如：雲霄飛車的設計，讓人們可以透過高速的刺激，在感官上尋求滿足；又如摩天輪的設計，讓我們得以透過高度的轉變，看到不同視野下的生活空間；鬼屋的設計，則可以讓人們宣洩平日所積壓的情緒，透過吶喊來釋放壓力。此外，都市內部的小型公園，更是讓市民藉由這個開放空間，以及簡易的遊樂設施，滿足當代社會核心家庭的親子互動，都市裡頭成長的孩童則透過這些遊樂設施，來增加群體的互動。

但是，隨著都市的發展，許多過往的城市空間，開始被迫拆除，以迎接新的開發想像。例如：為了辦理台北花博，以及圓山遺址的保存計畫，於是

都市的大型慶典

象徵著台北城市發展的台北兒童樂園就遷移至他處。對許多人來說，這個城市過往的重要歷史記憶、成長過程中的慶典記憶，就隨著實體空間的消失而不見了。

　　城市的慶典記憶是一種集體的記憶，只是因為當代的工業發展，讓這樣的集體記憶給原子化了，成為個人的記憶，然而事實上這應該是城市居民的空間集體記憶。當城市的發展不斷侵蝕城市居民的休閒愉悅空間時，我們必須擔憂，這將導致城市內的階級衝突升高。當慶典活動與慶典空間逐步成為商品的一種，而讓過往慶典所扮演消弭階級差異、提供不同階級一個匿名與紓解壓力的共同環境，也開始消失了。巨型活動的興起，正代表著這樣的發展。

巨型活動與都市空間的形塑

　　自 1964 年的東京奧運之後，許多城市的治理者開始發現，舉辦巨型活動可以重塑都市的空間發展，並且透過這類巨型活動的舉辦，以慶典活動的愉悅性、集體性，來凝聚民族情緒，同時建構新的都市意象。1984 年的洛杉磯奧運，更讓企業集團透過大型活動的慶典，創造龐大的商機。從這個角度來觀察，資本主義時代的慶典活動，對於當代城市空間的形塑更具關鍵性。

　　從 1851 年的首屆倫敦萬國博覽會開始，在這個現代性開始浮現的時代，博覽會便取代了許多慶典活動，成為慶祝現代性與工業化發展的重要活動。這個首屆的萬國博覽會，展出了當時許多重要的工業革命的成果，透過參訪這個重要的工業時代慶典，讓世人來理解工業革命的進程，以及對於現代性生活的影響。1893 年的芝加哥萬國博覽會，更是讓是人們首次發現，如何透過這樣巨型的慶典活動，開始來改造城市空間。於是，慶典活動之於城市發展，又有了不同的意義了。芝加哥萬國博覽會的時間點，其實就是在工業革命已經高度成熟，而民族主義國家治理也達到極致的狀態。透過萬國博覽會的舉辦，其實就是透過工業文明的包裝，讓民族的自信與情緒達到顛峰。而這與日後奧運的舉辦，透過體育的競技達到民族國家之間的對抗，有異曲同工之妙。

也因此，巨型活動開始成為當代社會的重大慶典活動。相較之前的宗教性的狂歡活動，巨型活動在民族國家與資本主義的規訓下，雖然依舊嘗試呈現其狂歡的一面，但更多的是對於都市空間的規劃與商品化。例如 1889 年的巴黎萬國博覽會，以艾菲爾鐵塔的興建，象徵著人類工業文明的進步，也改變了巴黎的城市地景。正如同日後羅蘭巴特在一篇散文中提到，他對艾菲爾鐵塔的厭惡，因為它就像一個無處不在的怪物，「汙染」著巴黎的視覺。而芝加哥萬國博覽會，更是寫下「城市美化運動」的「典範」。透過一群懷抱著現代主義與進步理念的建築師與規劃者，這個團隊將原本惡名昭彰的城市，透過城市的美化與摩天輪巨型的建築結構設計，賦予城市新的生命。然而，就如同在《白城惡魔》（*The Devil in the White City*）一書中所描述的，在一切看似美好的城市發展下，某個殘酷的殺手，正在進行著世紀以來最殘暴的兇殺。而這一切回歸到慶典的原始本質，不就是為了宣洩生活中所積累的龐大壓力，以及對於壓迫者的反抗。因而，如果我們不斷的將慶典與慶典空間的建構，透過巨型活動來舉辦，或者把歡愉宣洩的目的，讓位給資本的積累，到最後，我們可能失去了慶典為人類社會帶來的那一絲歡樂與平等的喜悅。

▍台灣都市慶典的興起與浮濫

回到台灣，都市慶典活動的濫觴，必須追溯到 1994 年陳水扁當選台北市長之後，一連串對台北城市空間進行的解嚴。當時的台灣，在政治上歷經了國會全面改選，以及北高、省長直選，民主化已經是不可逆的歷程。但是社會生活的主要空間還是充斥著各式各樣的威權管制。因此，陳水扁所領導的台北市政府期望透過「空間解嚴」政策，以「市民主義」、「市民參與」的思維，將城市過往被威權統治者宰制的實體空間，逐步歸還給市民，創造城市空間的公共性。而要解放空間的威權性，慶典活動的舉辦正好提供了當時的市府團隊一個挑戰空間威權的可能性。畢竟，慶典活動的意涵，正如同本文一開始提到的，就是對於統治者威權的某種挑戰。透過慶典活動的狂歡與愉悅，解除了原本屬於威權統治者僵化的空間。

1995 年年底，當時的市長陳水扁以「變裝」的方式，出席了台北市政府

都市的大型慶典

廣場的跨年晚會，讓市府周邊的公共空間，從一個威權政府的官僚機構，轉變成為青少年狂歡舞蹈的慶典空間，從而成為台灣各地方政府日後跨年晚會的濫觴。當時，空間解嚴政策的企圖是很明顯的，就是希望透過慶典活動的反叛性，將市民成功導入城市的空間之中，解除空間的嚴肅性與政治性，而成為市民社會可以積極互動的環境。所以，舞會的舉辦，包括在西門町的三次青少年街頭舞會，都是為了將城市的空間賦予多元性的意義，而非僅僅只是一個商業或穿越性的單一空間。而後，因為千禧年所進行的跨國、跨年晚會成為許多城市競相舉辦的跨年活動，在大量商業媒體、電視台的參與，以及搶食跨年晚會的商業利益大餅之下，跨年晚會固然成為台灣各地方政府的一項重要慶典活動，卻也成為地方財政的負擔。

反思當代巨型活動的都市空間意涵

慶典活動出現的目的，正是要挑戰統治者的權威，同時緩和社會中不同階級之間的經濟與社會對立。透過慶典的歡愉與狂歡，讓階級的界線暫時消失，也讓資源得以透過慶典活動，有一個重新分配的機會。然而，通過巨型活動所展開的城市慶典，意圖建構都市自明性，是都市美化運動在芝加哥萬國博覽會之後，一個主要的概念。但是，當代的巨型活動，在全球化經濟結構的籠罩下，成為全球城市體系建構的一部分後，原先期待透過舉辦巨型活動，進行具有本土性質的都市美化運動，反而因為全球資本的介入，而使得都市的自明性無法透過巨型活動來建構。

當我們反思城市的慶典活動時，我們必須再次思考，怎樣的城市記憶以及市民參與的初衷，可以融入慶典活動之中。如果缺乏對於過往城市記憶的尊重以及對於空間民主化的深化，那麼，慶典活動的舉辦，將只會讓資本主義的宰制，更加深入城市的每一個空間。來到今日，或許是我們重新建構新的都市慶典時刻了，畢竟，缺乏在地自明性，以及更廣泛市民參與的慶典活動，是很難以持續的。

台灣大學台灣文學研究所教授 蘇碩斌

巨型活動進化史：
由民族主義到資本主義的兩種
都市競技場

　　1970 年代，我剛學會打棒球時，日本漫畫《青少棒揚威記》在台灣盜版連載，看得讓人熱血脈張。那時的教科書，中華民國還是世界五強、少棒也連番在美國拿冠軍盃。熱血的我，因此一直等待台灣──主辦國際賽會、把金牌留在家鄉！

　　很久之後我才知道，退出聯合國的台灣，根本沒希望當主場。

　　要到幾十年後，兩岸關係略有突破，台灣才能承辦小型的賽會。2009 年高雄市「世界大學運動會」首開先例，2010 年台北市「世界花卉博覽會」，

2017 年台北市世大運、2018 年台中花博。為什麼各市長拚命爭搶？檯面上的典型口號，是 2017 年馬英九在花博閉幕致詞吶喊的：「世界應該都看到了台灣美麗的力量！」

國際賽會的疑惑

這是愛國？還是天真？或另有奧妙？有必要了解都市經濟社會學的分析。

這種大型賽會統稱「巨型活動」（Mega-Event）。英國社會學者 Maurice Roche 定義為：「大規模的文化、商業及運動活動，具有劇場的特質，訴求大眾參與，強調國際能見度。」

巨型活動的標準流程是由「跨國的非政府組織」授權，再由「單一國家的政府組織」承辦。例如花博，都是國際園藝家協會（AIPH）與當地市政府產發局攜手，再成立籌委會執行。外表很像「公共文化」，底子實是「民間商業」，但更厲害的是二者結合，亦即利用公共利益的修辭、掩護商業利益的開發。

巨型活動歷史不長，但也不短。最早是 1851 年倫敦萬國博覽會，然後奧林匹克運動會於 1896 年雅典重現，加入巨型活動隊伍，再來則是 1930 年誕生的世界盃足球賽。除了這典型的三大活動，後來名為 EXPOs、Fairs、Games、Conventions 的各種國際高峰會、專業博覽會，也勉強算是。

巨型活動的民族主義舊愛

巨型活動的發展史上，民族主義、資本主義是兩個親密愛人。台北市 2017 年世大運官方有一段廣告詞：「2017 世大運所代表的不僅僅是一項國際體育賽會，它還包含了主辦城市的城市再造、全民參與、文化提升等多重使命，2017 年，國際社會將聚焦台北，期待全國民眾共同參與這場盛會，攜手將台北推向世界舞台，成就台灣的驕傲。

台灣驕傲是民族主義的折射，城市再造則是資本主義的化妝。兩者在巨型活動的發展史上，是兩個不同的階段。

第一階段是巨型活動和民族主義濃情蜜意的時代。1851 年倫敦舉辦第一次萬國博覽會，工業社會剛站穩腳步，殖民競賽方興未艾，英國、法國莫不熱切要宣示文明發展、帝國威嚴。1851 年倫敦第一次博覽會到 1980 年莫斯科奧運會，博覽會和奧運都是西方先進國家在輪流承辦，各國無不舉國投入，主辦經費幾乎清一色都由政府打理。

以鄰國日本為例。1960 年代日本正是經濟高度成長期，國力一直登頂。這個年代的日本，幾乎都陶醉在國家帶頭的巨型活動浪潮裡。對於在戰爭期遭受大傷痛的日本，東京奧運、大阪萬國博覽會、札幌冬奧這些一場一場的巨型活動，禮讚了日本「國家榮光」，承擔了「民族主義」任務。

不過到了 1980 年代，西方工業文明已十分穩固，隨著生產力不斷提高，消費力不斷擴增，全世界都是工廠、也都是賣場。空談「愛用國貨」未必是好事，甚至還會妨害全球經濟。戰後三、四十年過去，在 1979 年英國柴契爾夫人執政，漸漸走向剷除貿易障礙的新自由主義趨勢，「民族主義」在巨型活動裡就注定要失寵。

確實，1970 年代的西方世界對於申請萬博和奧運的主辦權，態度就已開始冷淡。過往動輒十餘國爭搶，落魄到只有兩、三國。然後，微妙的變化發生在 1976 到 1984 年之間。

巨型活動的資本主義新歡

1976 年奧運是一個關鍵轉變的案例。1976 年蒙特婁取得主辦權，是加拿大國家最高階的巨型活動。雖然一開始財政收支就遭質疑，但是市長 Jean Drapeau 信心滿滿留下一句名言「奧運虧本的機會低於男人生子」（The Olympics can no more have a deficit than a man can have a baby）。

很遺憾的，耗資 58 億美元興建的各種場館的鉅額工程款，會後並沒有順利回收，留下 24 億美元虧損，市政府無奈向全體市民加徵奧運稅，加稅期限前後歷時三十年，直到 2006 年才清償債務。在這個著名的「奧運詛咒」之後，1980 年奧運就冷到不行了，只有莫斯科和洛杉磯申請。莫斯科以些微票數搶下主辦權，是共產世界首次破冰。但是西方國家抗議當時的蘇聯入侵阿富汗，美國卡特總統帶頭抵制，超過五十個國家缺席，場面尷尬至極，巨型活動的民族主義時代也走到終點。

　　第二階段，則始自四年後的美國洛杉磯拿下 1984 年奧運主辦權。

　　這次洛杉磯奧運，剛好共和黨總統雷根連任成功，新自由主義氣勢正旺，巨型活動也轉身投向資本主義。1984 年洛杉磯奧運的籌委會主席，是出身金融界、擅長財務行銷的 Peter Victor Ueberroth。他誇口不需要政府補助，而以

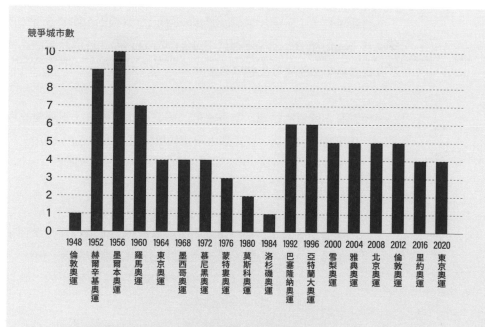

圖一　戰後各屆奧運主辦城市與競爭城市數：2010-2016

資料來源：筆者參考各年度 Summer Olympic Games 資料整理製表。

161

門票、電視轉播權、廣告、指定商品、冠名權、招募無薪志工等花樣，舉辦奧運史上第一次由民間部門主導的巨型活動。成本不到 5 億美元，結餘竟有獲利 2.5 億美元。

1990 年代以後，奧運果然重新活絡，但其中意義就有玄機了。先看一下戰後各屆的奧運主辦都市。

簡要來說，1984 年以前是民族主義式奧運，承辦者都背負著國家的榮光，舉國相助，賠錢不是問題。1984 年之後是資本主義式奧運，承辦者都背負金權交織的使命，如何從中獲利更重要。

都市競爭的獲利壓力

日本一橋大學町村敬志教授，再由申奧都市看出兩種類型。他利用以下二個判準：（1）該城市爭取奧運時的國家 GDP（以美國為 1.0 的相對指數）、（2）該城市是否為該國首都。結果發現 1948 年至 2008 年之間，世界上其實只有兩種類型的城市在主辦奧運：

（1）開發中國家的首都：準備起飛的國家或集權國家，奧運是具有政治宣示作用的國家慶典，通常都由國家傾舉國之力追求榮耀。包括 1960 年的羅馬、1964 年的東京、1968 年的墨西哥、1980 年的莫斯科、1988 年的首爾、2004 年的雅典、2008 年的北京。

（2）已開發國家的非首都：高度開發國家或權力分散國家，奧運是個別城市追求自主的運作型態，甚至具有對抗中央首都的意義。包括 1972 年的慕尼黑、1976 年的蒙特婁、1984 年的洛杉磯、1996 年的亞特蘭大、1992 年的巴塞隆納、2000 年的雪梨。

也就是說，2008 年以前的民族主義氣氛一直很高，主辦奧運是國家榮耀，必須舉國投入，不論哪個都市主辦，都是代表國家。在這種情況下，已開發

國家的首都既已是高度文明的都市，也就不必（或不屑）再來承辦奧運貼金，機會可以禮讓給二線的都市。而開發中國家，首都一直承擔最高的民族主義責任，仍然要代表國家奮力一搏。

然而，2010年後出現了第三種類型。2012年的倫敦、2020年的東京，都是高度開發的大國首都。十九世紀辦過萬博以後的倫敦、1964年奧運之後的東京，這種強國首都怎會在睽違半世紀後拉下高傲身段、投入爭辦？

確實，再由近十年奧運競爭都市的資料來看，有一種過去不曾出現，而愈來愈加白熱化的「都市競爭」概念浮上當今世界。

年度／獲選城市	2004 雅典奧運	2008 北京奧運	2012 倫敦奧運	2016 里約奧運	2020 東京奧運
申辦城市	希臘雅典 ⊗	中國北京 ⊗	英國倫敦 ⊗	巴西里約 ⊘	日本東京 ⊗
	瑞典斯德哥爾摩 ⊗	法國巴黎 ⊗	法國巴黎 ⊗	西班牙馬德里 ⊗	土耳其伊斯坦堡 ⊘
	義大利羅馬 ⊗	日本大阪	美國紐約	美國芝加哥	西班牙馬德里 ⊗
	南非開普敦 ⊘	土耳其伊斯坦堡 ⊘	西班牙馬德里 ⊗	土耳其伊斯坦堡 ⊘	
	阿根廷布宜諾斯艾利斯 ⊗	加拿大多倫多 ⊘	俄國莫斯科 ⊗		

⊗ 申辦城為該國第一大城，同時為該國首都。
⊘ 申辦城該國第一大城，非該國首都。

圖二　近五屆申辦奧運及獲選城市
資料來源：筆者參考 Wikipedia 各年度 Summer Olympic Games 資料整理製表。

原因來自於全球化的壓力。相對於十六世紀以來的船運、火車、飛機等運輸革命帶動的「國際化」，也就是伊曼努爾‧華勒斯坦（Immanuel Wallerstein）所稱的「核心—邊陲」模型中，都市作為國家的窗口，「國家富則都市富、國家窮則都市窮」的認知，全球化都市不再如此。

1960 年代以來急速發達的衛星科技、電腦網路，帶動全球化的快速流動，打破國家地理界限的約束力。都市原本作為「國家的節點」，扭轉成為「世界的節點」。人才、金錢、資訊都破除「先進國／後進國」界限而流動，即使貧窮國度可能也有一個世界流行之都。

巨型活動與都市更新的修辭

不留下流動的資源，就瞬間被甩到後面。如何留下？此即 Roche 提出「巨型活動作為轉換器」（mega events as a hub）的概念。

1986 年都市社會學家 John Logan 和 Harvey Molotch 提出「都市是一架成長機器」（city as a growth machine）的觀點告訴我們，當代工業生產已經疲軟，「都市本身」成為利益之源，手法就是拆舊屋建新樓、提升房地價格、確保資本獲利。

創造都市利潤者，或 Logan 及 Molotch 稱之為成長聯盟的一群人，是建商、是政府人員、主張生活品質的學者、是要求消防安全的技工，也可能是民族主義的政治家。市容更新是一種使命，所以要拆除老舊無用的「危樓」，興建提升市民素質的場館、廳堂、中心………。愈大愈高愈多，愈好。

但是，一來，戰後建築技術並不很差，未必有大規模改建的迫切需要；二來，都市人文主義復甦，老房子反而韻味十足而普遍被要求保存。在這種氣氛下，緊抱開發主義的成長聯盟必須為拆舊屋、蓋新館提出論述，也就是一套「具有正當性的故事」。

奧運、萬博這些巨型活動，正是拆舊蓋新的強烈理由。並且，還結合了觀光產業、會議產業，甚至過往不相往來的政黨、工會、大學也紛紛加入成為盟友。運氣好的話，還能得到市民的廣泛支持，例如 1970 年代紐約市政府經典的宣傳口號「我愛紐約」。

2008 年的前幾年，北京大舉拆除老舊胡同建築，就是藉由「奧運」展現正當性。只是，開發主義未必會讓北京「明天會更好」的承諾實現。梅英東《消失的老北京》記下這一段合法的文明暴力，沒有胡同的城市生活只是更加無情。

台北也要都市更新，所以一定有人要進場玩巨型活動遊戲。「讓國際看見台灣」只是把舊愛扛出來當幌子，以合法掩護新歡的技倆。蒙塵的大巨蛋、動向不明的林口國宅，都是爭議不停、詭異至極的建案。

不要忘了成長聯盟這個關鍵字。我們必須思考，巨型活動中誰是真正的玩家？誰是受害的玩物？誰是插花的金主？誰是搖旗的路人？「全體市民」絕對不是遊戲中唯一的名字。

延伸閱讀

1 陳東升，《金權城市：地方派系、財團與台北都會發展的社會學分析》，台北：巨流出版社，1995 年。
2. 吉見俊哉，《博覽會的政治學》，蘇碩斌等譯，台北：群學出版社，2010 年。
3. 町村敬志、西澤晃彥，《都市的社會學：社會顯露表象的時刻》，蘇碩斌譯，台北：群學出版社，2012 年。
4. 侯志仁主編，《反造城市：台灣非典型都市規劃術》，台北：左岸出版，2013 年。
5. 安德魯 · 辛巴里斯（Andrew Zimbalist），《奧運的詛咒：奧運、世足等全球運動賽會如何危害主辦城市的觀光、經濟與長期發展？》，梁文傑譯，台北：八旗文化，2016 年。

「砍掉重練」的世界觀：
你想線性累積？或是循環重生？

台灣大學台灣文學研究所教授 蘇碩斌

　　「砍掉重練」原是 PTT 網路論壇的紅句，2005 年至今不墜，用法更已滲透台灣生活的日常。典故是 RPG（角色扮演）遊戲的一種情境：玩家練功升級過程，因為配點錯誤導致角色發展糟糕、無法技術修補，只好忍痛刪掉、另創新角色，稱為「砍掉重練」。

　　進入到現實語境的「砍掉重練」，意指不必留戀舊物、重頭再過新生。如電腦狀況頻生，要果敢「砍掉重練」重灌作業系統；人生境遇不順，《客氣什麼？人生隨時可以砍掉重練！》、《成功，就是要快速砍掉重練》。這

「砍掉重練」的
世界觀

幾本企管書的廣告文案，都鼓勵年輕人「一直籠罩於負面能量，容易陷溺無法翻身……何不當機立斷砍掉重練，才能化解僵局、逃出生天！」歌壇有歌手專輯取名《砍掉重練》，強調自身曲風不變；政壇有立委議員質詢政策沒救、要求電影金馬獎或《農村再生條例》「砍掉重練」；臉書社團甚至有「砍掉重練基金會」，推廣「問題解決不了？砍掉重練最快」。

前述用法，都蘊含驚奇的正能量、鼓勵改變現狀。這不只是搞笑，更是對待生命的世界觀——用在個人身上叫重生，用在集體社會叫革命。而這種生命觀，並不是現代社會所喜，也不被資本主義鼓勵。因此，砍掉重練，其實具有顛覆性的意義。

這一篇短文，就是希望藉由「砍掉重練」這個流行語，由文化社會學的消費理論來談：支配當代經濟的「線性累積」世界觀底下，有一種「循環重生」的理念正在復興。

砍掉重練，是對主流經濟的文化革命

現代社會的主流世界觀，簡要說就是「經濟累積」，亦即社會學家韋伯在《新教倫理與資本主義精神》說的，禁慾、理性、精算的經濟生活態度——是一種在十六世紀首見於西歐、而後橫掃世界、無人能夠逃脫的歷史宿命。韋伯說的「資本主義精神」的最原初典型就是美國開國元勳富蘭克林推舉的「時間就是金錢」。這種自我要求勤奮工作、不應享樂的「理性」精神狀態由何而來？韋伯給的答案是，來自「不理性」的宗教熱情，也就是1517年宗教改革後的基督新教教義，尤其是喀爾文教派的預選說：人們無法猜測自己是否為選民，因而只能以嚴苛的生活常規來讓自己確證。因此，畢生只工作不享樂，是信徒榮耀上帝的信仰倫理——當然，後果必定是財富的大量累積。

按照韋伯所論，這種經濟上的累積型世界觀並非人的根性，而是在特定時空才降臨人間的。但是來到當今，我們這些資本主義人（應該包括你我）

卻必須盯著人生辛苦「累積」的存摺金額或履歷功績，才能找到生存的價值。

活在主流的經濟累積脈絡裡，「砍掉重練」能成為正能量的流行語，意義相當不凡。悲觀的韋伯認為資本主義的「累積型世界觀」太強，人類無法挑戰；但讀過馬克思（及其徒子徒孫）思想的人，卻都會有革命的想像。尤其是循著馬克思理路而來的一些文化左派思想家，早有過不少與「砍掉重練」思維呼應的「消費蕩盡」世界觀。

馬克思主義的革命有兩種想像，一種是傳統的政治經濟學批判、期待政治奪權的革命；這裡要談的另一種，是對 1917 年俄國十月革命很失望，因而另闢新徑的文化革命路線，例如西馬、新馬、文化研究、法國左派等。以文化思考革命的左派，想望的是對於滲透日常生活的異化狀態的全面解放。異化是馬克思早期思想的重要核心，意思是勞動分工導致了人類失去生命的完整性，而變得支離破碎、不成人性。因此，政治經濟革命沒有用，甚至必須擺脫狹隘的經濟決定論。

在嚴謹的社會學理論中，這是一種批判主流經濟的文化革命想像，因此也帶有狂放顛覆的味道。以下分別從「砍掉重練」萃取二個概念來說明文化革命的世界觀：一是「蕩盡不要剩」的消費論、二是「砍掉能再生」的狂歡論。

經濟問題，是資源的匱乏或是過多？

經濟學的基本定義是「研究財貨和服務之生產、分配和消費的社會科學」。然而，人類的經濟行為，難道只是可計算價格的財貨和服務？如果社區鄰居種白米、養土雞、釀醬油，然後相互餽贈烹食，各人家都是食養豐裕，但是卻列不入經濟指標（如國內生產毛額）的統計。

經濟人類學者早指出此盲點。波蘭尼（Karl Polanyi）的名著《鉅變》就將經濟區分出形式意義和實質意義兩種，形式經濟指的是理性決策的數字指標（例如國民生產毛額），實質意義則是人類對抗自然環境的具體生計活

「砍掉重練」的
世界觀

動。巴岱伊（Georgeois Bataille）也有類似的批判。他在《被詛咒的部分》（The Accursed Share）一書，斥責只看到市場商品的短視科學為「有限經濟學」（limited economics），而推崇以地球為尺度的「一般經濟學」（general economics）。

何謂地球尺度？先跟著巴岱伊想一個問題：人類的經濟行為，是因為地球的資源「匱乏」？或是「過多」？我們的刻版印象都是「匱乏」才會展開經濟；但主張經濟應該放眼地球尺度的巴岱依，可不這麼想。他說，整個地球因為有太陽提供能量、草木牲畜人類都在滋長；若放任不管，地球上的萬物必然「過多」，人類的生存空間勢必不足。因此，人類必須將過多的東西「耗盡」，這個字在英文就是 consume，也可以翻譯為「消費」。

也就是說，人類盡量把萬物耗用掉，才能夠爭取長久生存的空間。因此，世界上很原始部落民，在一年豐收之後，總會來一場祭典將萬物耗盡，或者耕種幾年就放一把火燒掉田地，以求生生不息。還有更殘酷的，人類也必須把老弱的、無力生存的人耗盡，因此諸多地方傳說也有遣送老人死去的風俗，例如改編深澤七郎小說的電影《楢山節考》描述的。

好，光是太陽滋長萬物就已經「過多」，但是聰明進化的人類真正厲害的，是各種科學技術的發展、尤其是現代社會的超量生產能力。

回首工業革命以前，人類的農產技術再怎麼高妙，產量總有其限度，因此只要來一場節慶，以吃喝狂歡耗去過多的資源，進而保存生活的樂土。節慶狂歡，是初民社會保持地球萬物均衡的責任。但是工業革命之後，人類的生產能力等比倍增，勞動倫理強調生產，商品無法控制的累積，地球擁擠到出了毛病。當人類消耗過剩物資不力，那時不堪負荷的地球就必定推動人類進行大尺度的耗盡——例如世界大戰。

所以巴岱伊才說，人類經濟生活的首要倫理，是消費蕩盡（consumption）而不是累積。

下半身的力量，砍掉是為了重生

砍掉重練在當代台灣流行，不僅因為「重新做人」的深義，其實也是其中含有性禁忌的笑鬧意味。因為「砍掉」容易聯想「揮劍」，於是衍伸到「自宮」，就像 RPG 遊戲裡勸人將很萌的男角不如刪除器官換為女型（如東方不敗或妖狐藏馬）。

若以當代文明標準來看，這種葷黃詞語無非就是粗鄙低級。然而，何以有必要視為反省正統經濟思維的重生力量？

延續前面談的「狂歡」，這裡介紹一位活在二十世紀初期俄羅斯的奇異思想家巴赫金（Mikhail Bakhtin）。他是文學研究者，最有名的書叫《拉伯雷和他的世界》。這本書是詮釋一位活在十六世紀文藝復興時代的法國小說家拉伯雷（Francois Rabelais），以及他遺留的奇書《巨人傳》（Gargantua and Pantagruel）之思想內涵。

《巨人傳》是拉伯雷採集十五世紀民間傳說、市井笑譚而成的小說，極盡笑鬧、俗擱有力。劇情是巨人爸爸龐大固埃、巨人兒子高康大追求知識的歷程，最浮誇諧趣的內容是高康大前往法國探險時，在市集、廣場連篇噴出在地人的高密度搞笑幹話。拉伯雷採集這麼多髒話的用意為何？幾百年來多被認為是諷刺天主教封閉而缺乏生命力的經院教育；但是巴赫金重新解讀了廣場語言的生命觀——市井小民把性器官、排泄物等下半身的事物掛在嘴邊，是在召喚「神聖」的力量到人間，並以人的「下半身」承接，期待一種希望無窮的生物生產（生殖關係）、社會生產（社會關係）永不停歇。

道德學家以為的狂亂與猥褻，巴赫金讀出了改變與重生。

巴赫金反駁歷史學家將中世紀視為黑暗時代，最重要的證物就來自節慶（carnival）。這個字中文也譯為嘉年華、日文則譯為謝肉祭。重點絕不只是單純狂亂喧鬧而已。節慶多在耕獵季節之末，事物若有累積，就在此時耗盡。

因此節慶的時間點，正是結束與開始的交界，為無窮生命帶來不斷循環、卻也一年又一年不斷充滿希望的機會。各種傳統社會多少都有類似意涵的節慶，年節、豐年祭、燒王船、炸寒單、蜂炮，都在短期間大量耗盡物資：積累是可恥的抱殘守缺、耗盡才能換取新的未來。

砍掉重練在當代，只是「重生」的半套而已

這種社會型態，每到一個節奏時點就砍掉重練，亦即循環的世界觀。在這個短暫的「非日常」時空，任何人不分階級都大碗喝酒、大塊吃肉，原有僵硬的社會秩序被懸擱了，所以可以恣意調戲上層的領主，甚至無拘束進行情愛遊戲，這是一個異於原本封建秩序的「第二世界」。他們尊重大自然的四季循環，才真正是「一年復始、萬象更新」的深意。

那樣殷切敬愛「砍掉重練」的時代，如今當然不復存在。中世紀衰微、亦即西方開啟文藝復興、人文啟蒙，然後就是本文前頭提及的韋伯說的，強調理性計算、強調勞動積累的資本主義精神抬頭了。這個轉折也意謂人類「消費蕩盡」的意義徹底改變。

如果說中世紀的節慶，必須配合大自然的耕獵與豐收之節奏；當代人類的工廠生產，根本不再需要理會大自然的四季與晨昏了。工廠和商店，都有三班輪值、24小時OPEN、恆溫且不怕風雨的設計。消費蕩盡的古老傳統、那種「非日常」的節慶，來到當代社會，已然改由科學理性算計、化整為零散落到「日常生活」的每日下班、每週例休、每年長假，並在百貨商場、觀光旅程之中完成；化約為每週小放假、每年大放假的方式進行。尤其是人為新節慶的大量出現，情人節、母親節、父親節、七夕、聖誕節，都夾帶精美的廣告在狂歡中進行。目的都在誘導人類去盡「消費蕩盡」過多生產商品的責任。

消費蕩盡，不再呼應大自然節奏的節慶，否則，現代經濟學也都理解，生產總量大於消費是資本主義的重大危機，而解決之道，從來不是限制生產，

171

是擴大消費。

　　過去節慶那種手牽在一起的「集體歡騰」，是社會每一分子在交換人與人的關係；然而在現代版新節慶的消費蕩盡，則是廠商與消費者在交換人與物的關係。這樣看來，電玩族、PPT 所高喊的「砍掉重練」，雖有顛覆現代累積型世界觀的「重生」想像，然而卻是不必配合四季節氣，不必等待大地復育，只要打開機器就可以的重生。

　　因為只注意到「個人」層次的重生、沒有觀照「集體」層次的重生，就只是半套而已。

延伸閱讀

1. 葉啟政，〈生產的政治經濟學到消費的文化經濟學：從階級做為施為機制的角度來考察〉，《台灣社會學刊》第 28 期（2002）：153-200。
2. 彼得‧柯睿耿（Peter Corrigan），《消費社會學》，王宏仁譯，台北：群學出版社，2010 年。
3. 約翰‧厄里（John Urry）、約拿斯‧拉森（Jonas Larsen），《觀光客的凝視 3.0》，黃宛瑜譯，台北：書林出版有限公司，2016 年。
4. 布希亞（Jean Baudrillard），《物體系》，林志明譯，台北：麥田出版社，2018 年。
5. 齊格蒙‧包曼（Zygmunt Bauman），《廢棄社會：過剩消費、無用人口，我們都將淪為現代化的報廢物》，谷蕾、胡欣譯，台北：麥田出版社，2018 年。

「砍掉重練」的
世界觀

消費如何改變社會？

從兩個消費者組織的故事談起

逢甲大學公共事務與社會創新研究所助理教授 萬尹亮

　　我們通常把消費看作是個人的經濟行為，認為買東西全看個人品味。消費社會學許多有趣的研究則發現，不管是買衣服、跟誰去吃哪家餐廳、吃什麼，或是什麼時候、用什麼方式洗澡，表面上的個人選擇，其實都有社會制度、文化與人際關係的影響。許多研究則分析消費者如何組織社會團體，來捍衛消費者權益、改變市場運作甚至改變社會。

　　我們來看看兩個故事。這兩個組織在不同的國家、不同的歷史背景，卻發展出類似的觀點。她們都鼓勵消費者跨出個人利益的思考，從性別、階級

的角度去理解消費者的公民身分,去關切其他群體的福祉。另一個有趣的地方是,她們各自採取市場導向、政治導向的消費者行動。

換句話說,她們挑戰既有「經濟的」消費者想像,又提出更為「社會的」消費者想像。在經濟的想像裡,消費者追求以最低的成本、最大程度滿足個人慾望。而對這兩個組織來說,消費者是在性別分工下的持家角色也是社會群體,消費者不只是追求個人效用極大化,她們也追求社會需求的滿足,像是家庭的健康、經濟社會的平等,或是環境的永續發展等。

美國一戰前的國家消費者聯盟

1889年有一群女性成立紐約消費者聯盟,來促進百貨公司員工的權益。很快地其他大城市類似的團體開始出現,1899年這些團體聯合起來成立美國國家消費者聯盟。聯盟的主要成員是上層階級婦女,她們認為當商家能夠從對人的尊重出發,善待自己的員工時,才能真正重視消費者的健康與利益。

這個聯盟採用三種策略來處理食品安全以及女性和兒童的工作條件這兩個問題:首先,她們會組團隊去調查商品的製造和銷售過程,接著她們會在報紙上刊登廣告公布調查的結果,呼籲店家誠實標示食品的內容物。其次,她們會辦理工作坊,教導消費者認識食品營養、如何辨別食品裡不同的成分。另外是發傳單,例如透過傳單的內容讓消費者了解快遞業雇用很多童工,他們一天的勞動其實賺不到幾個錢。

第三個方法是用發布「白名單」來告知消費這家店的生產方式是經過聯盟調查認證、是健康乾淨的。透過鼓勵消費者去這些店家消費,也同時鼓勵其他店家減少雇用童工、給予女性員工有尊嚴的工作條件跟薪資。

這個聯盟的出現,跟美國當時經濟社會的變遷有關。1890年代婦女漸漸地可以在店裡買半成品,衣服也不再由家裡縫製。這讓中下階層婦女進入食品店、**餐廳**、百貨公司、服飾店工作,但是女性員工、童工是最不易成立工

174

消費如何改變
社會?

會的一群，所以工作條件很差。另一方面，這個變遷也讓中上階層婦女有時間去學習、休閒。當時美國中上層階級出現了一種風氣，認為有錢有閒的人應該關懷社會弱勢，不過當時的男人可以參與政治，女性卻還沒有投票權。所以受過教育的女性轉而成立讀書會、俱樂部或公益團體，利用她們最有效的資源——「購買力」，來幫助上述那些弱勢的女性、兒童勞動者。

這個聯盟想像出一個公民消費者，認為消費者要有知識懂得自我保護，而且消費者的公民責任是去好的店家消費，透過消費行為來照顧弱勢員工。這個想像反映著上層階級的觀點，認為消費者應該被視為工人的「雇主」，她們的消費選擇會影響工人的權益。這種想像也反映性別的觀點，聯盟婦女關懷同是女性的百貨公司、食品店員工，也像媽媽姊姊一樣關懷童工。

不過這個策略的缺點在於，因為只有中上階層才有足夠的購買力去展現社會關懷，而且這個關懷也有點狹隘，只顧及了婦女、童工，而沒有顧及男性勞工，更沒有跟工會合作。這是因為聯盟認為消費者代表著公共利益，是在資本與勞工等經濟利益之外的第三方，必須維持中立才能平衡兩者。工會就很不爽消費者聯盟不鼓吹百貨公司、餐廳員工加入工會，認為只靠中上階層同情心支持的購買行動不是根本的解決之道。工會也有消費抵制的行動，但是工會的「黑／白名單」跟消費者聯盟的名單標準不一樣，讓商家可以利用兩者的矛盾，拒絕工會監督，卻可以宣稱受到消費者聯盟的認可。

對消費者性別與階級的想像限制了這個策略的效果，後來國家消費者聯盟在 1918 年取消「白名單」策略，改透過遊說、推動立法保障工資工時，試圖從制度面透過公權力去改變消費市場的規則。

日本二戰後的主婦聯合會

第二個消費者組織是一個很快就採用政治行動策略的故事。二戰期間日本婦女抗議配給制度下白米品質參差不齊，還有分配不公的問題，因此消費者很早就認為消費問題是政府的責任。

「主婦聯合會」是在二次大戰後日本婦女為了抗議黑市、通膨還有食品和日常用品品質低落的問題，而於 1948 年成立的。她們希望透過政治來改變政策。1950 年代主婦聯合會促使東京市政府通過消費者保護措施。接著，她們成立全國性的研究機構，分析產品和市場問題。1956 年還建立了全國性的平台，協調各地消費者團體的行動並制定策略。1968 年主婦聯合會成功迫使中央政府通過消費者基本法，此後聯合會定期受政府邀請，參加政策諮詢會議。

跟美國的國家消費者聯盟一樣，日本的主婦聯合會從特定的性別角色上去想像消費者。這時候婦女仍然扮演傳統的角色，負責採買、張羅家庭的日常需求，關懷先生、小孩的健康，對她們來說消費者比較像一個工作。戰後重建，讓操持家務的主婦深刻理解到，市場秩序對每個家庭生活的重大影響，所以她們要求正確的商品標示、公平的交易規則。與美國相同的是，日本婦女因為缺乏參與公共事務的機會，所以組織與串聯成為她們將家務消費拉到公共領域，進而關心公共事務的方法之一。

但是跟美國消費者聯盟不同，日本的主婦聯合會並非中上階層婦女關懷社會弱勢的組織，她們認為消費者跟小農小商一樣，是市場經濟裡需要受到保護的群體，而將消費者的處境和小農小商做連結，訴諸一種團結的想像。主婦聯合會認為黑市裡偷斤減兩、劣質的商品，不只讓消費者受害，也打擊誠實的小商家、讓農夫和工人工作條件變差，甚至減少他們的工作機會。這些人可能是她們的先生或是孩子，所以不受管制的黑市同時打擊了供給與需求面。這層想像讓主婦聯合會沒有變成商家的對立面，反而能跟小商家團體、工人、農人團體聯手。也是這樣的公民消費者想像，讓主婦聯合會比較政治導向，透過團結不同群體進而要求政府建立制度來保護同樣是弱勢、在市場過程中扮演不同角色的公民。

不過，聯合會以政治為主的策略受到政治機會的結構限制。主婦聯合會在 1970 年代初期與 1990 年代初期有一連串立法的成果，是因為主要政黨——自民黨，在選舉中面臨嚴峻挑戰而不得不在政策上讓步。在自民黨政權

相對穩定的 1980 年代，大資本集團也開始彼此串聯，政商菁英之間鞏固的連結，讓主婦聯合會沒有機會改變政策，所以她們想阻擋政府開放食品添加物的法案最後以失敗收場。1990 年代中期，日本開始擁抱自由貿易，減少政府對市場的介入，這也讓消費者團體難以藉由政治來改變市場。

消費者的社會想像

這兩個故事裡消費者的想像都有性別元素，在女性無法參與政治的情況下，消費變成她們關心公共事務的方法之一。她們從這個角度看到消費者的社會關係，更看到消費的責任。消費者的想像也有階級的元素，美國中上階層婦女看到她們可以運用購買力改變市場或社會，日本的中下階層婦女看到消費者的問題同時也是生產者的困擾，需要制度性的保護。

消費者的社會想像讓這些組織看到消費的經濟條件和社會後果，因此這些消費者團體對市場秩序的要求，不在價格上打轉或是停留在品質的追求，她們更希望市場的運作可以顧及公平、正義、永續。消費者的社會想像也讓這些組織去看到消費者可以運用的不同行動策略：對特定店家的支持是一種「市場導向的策略」，希望靠購買力的集中去改變商家；追求立法保護則是一種「政治導向的策略」，用選票影響力去改變市場。

回過頭來，近年來有越來越多反思消費的社會行動，從公平貿易、社群協力型農業、消費合作社，到節能減碳、減塑、減少食物浪費等的呼籲。他們希望消費者意識到有問題的生產方式、消費方式、隱藏在品牌和標價背後的社會後果；並希望這種意識可以讓消費者成為各種社會問題的解決方法之一，用不同的消費選擇來改善不平等、貧窮、生態和氣候變遷的問題。聽起來真是美好。

同時，我們卻很少去反省除了拒絕購買，或是支持性購買（用鈔票讓某某商品下架）之外，有沒有可能兼用政治與社會的行動？前述行動雖然比消費者的經濟想像往前走了一步，認識到消費的社會和生態後果，但仍然把消

費者當作一個市場中的個體，把消費等同於市場中個人的抉擇，把市場當作是改變的機制。例如美國的故事顯示，用消費來改變社會有階級的侷限。我們除了是消費者，還是爸媽、子女、教師、學生、上班族，是社區居民，也是公民，我們可以施加影響的場域並不限於市場。

消費者的社會想像，除了需要破除中產階級用鈔票投票的迷思，也需要超越個人和市場的框架。從歷史的角度來看，消費者是現代市場經濟才出現的觀念，我們有沒有可能重新想像消費，讓消費不是有錢有閒的人的良心選擇，也不是展示理念和品味的媒介，而是團結和批判的實踐？許多團結經濟的實驗，讓消費者能夠和生產者共同治理經濟活動：在共享經濟裡，消費者共享商品和服務，改變生活方式；在食農運動當中，消費者推動立法，在社區或是學校推行食農教育。的確，這個重新想像已經蘊含了各種方向。

延伸閱讀

1. 主婦聯盟生活消費合作社，《菜籃子革命：從共同購買到合作找幸福》，台北：廣場出版，2015 年。
2. 陳怡樺，《哇！原來這也是合作社：大不列顛 COOP 踏查報告》，台北：開學文化，2017 年。

part.5

第五篇 真實烏托邦

市場中的擴散？社會學的觀點　　　　　　　　　　　　　　　鄭力軒

從黑手變頭家到隱形冠軍：
台灣中小企業的產業升級與技術創新（1996-2011）　　　　　謝斐宇

巷仔口的中藥房：醫藥專業鬥爭與中藥房的降格　　　　　　　安勤之

建構台灣茶：喝茶如何成為台灣的日常生活文化？　　　　　　陳宇翔

禮物經濟與公民社會：台灣的捐款文化　　　　　　　　　　　田畠真弓

作環保的社會想像與實踐：社區、經濟與環境　　　　　　　　郭瑞坤

市場中的擴散？

社會學的觀點

政治大學社會學系副教授 鄭力軒

　　2017 年 7 月中旬，成功預言美國網路及房地產市場泡沫破裂的諾貝爾經濟學獎得主、耶魯大學教授 Robert Shiller 來台巡迴演講，介紹他所致力發展的敘事經濟學。Shiller 認為金融市場的波動與廣泛流傳的敘事有很深的關聯，特別是對市場走向的預期會受到他人與媒體所通行的敘事影響，進而影響經濟泡沫的出現，而深刻影響證券市場的走向。Shiller 的理論在金融經濟學裡引起非常多重要的討論，特別是他所留意到的擴散效應，不只在學術界，也透過各種通俗著作而成為顯學。包括廣為人知的六度分隔理論，以及美國作家麥爾坎‧葛拉威爾（Malcolm Gladwell）的暢銷著作《引爆趨勢》（*Tipping Point*），

就將擴散連結到社會各種趨勢與變遷的發生。本文即從筆者所熟知的社會網絡和新制度論兩個主要的研究典範出發，介紹擴散研究的主要成果以及在經濟領域中的影響。

社會接觸與擴散

社會學中與擴散關聯最深是社會網絡的傳統。人非孤立的存在而是社會關係的產物，從社會互動中相互學習並獲得深層的情感支持，因此從內在的思維、喜好，到外在的行動模式與策略等，都會受到周邊的人的影響。也因此，社會網絡中其他人的行動和想法，往往對行動者造成顯著的影響，甚至促成了重大的社會轉型。其中一個重要例子就是歐洲人口轉型的研究：1960年代普林斯頓大學所發起的歐洲生育研究計畫，系統性地分析歐洲的人口轉型，探討從高出生、高死亡的狀態轉型成為現代低出生、低死亡的現象，其中，生育與家庭行為如何產生變化是主要焦點。

生育行為的改變很容易被視為是個別家庭面對社會經濟條件所做的選擇，舉凡結婚年齡、婚後生育的間隔等等都反應了現代化的程度。但是當研究者在分析歐洲各區域人口資料之後，發現會影響一個區域發生生育轉型的因素，不僅來自該區域的社會經濟狀況，更來自於社會互動。更進一步而言，生育變化也反應出歐洲區域與民族國家的動態。歐洲生育計畫的發現，即使婚姻與生育這些看似家庭內的選擇，都是在社會互動中形成與流傳。因此，包括空間、社會連帶以及其他社會互動的脈絡，都對社會行動有非常深遠的影響。

歐洲生育研究計畫的發現是網絡擴散研究的前奏。從 1970 年代開始社會網絡研究突飛猛進，為擴散的研究帶來更多更深刻的發展。包括對於門檻效應的討論、網絡結構性質的理論、小世界概念的深化等理論發展，方法上包括圖形理論（graph theory）引入以及包括大數據以及電腦模擬等工具，對於包括專業人士的專業實踐、社會運動、政治捐獻與參與、甚至健康狀態都可以看到社會接觸的重要影響。在公共衛生中傳統擴散研究聚焦在傳染病如何透

過接觸而傳染，但晚近則進一步擴及到各種健康認知與就醫行為的擴散，包括肥胖以及自閉症的診斷，都與社會連帶所帶動的擴散有密切的關係。整體而言，當代社會學中的網絡傳統對於行為與認知如何在網絡所構成的社會結構中擴散，有相當細緻而完整的討論。

▌從擴散與社會建構

　　網絡研究的傳統著重在具體社會接觸的影響，新制度論的研究傳統更將焦點放在透過擴散所形成的集體認知，如何構成了行動者所身處的社會實體（social reality）。新制度論對擴散的討論從組織型態與行動會出現趨近相同的現象，也就是同型化（isomorphism）的過程開始。傳統上當觀察到許多組織或行動者採取同樣的模式或作法時，很容易預設這是競爭過程中優勝劣敗所產生的最適結果。社會學制度論最重要的洞見在於，行動者並不只是個別追求物質上的利益，也追求場域內其他成員的肯認。因此同型化現象不僅可能來自競爭的結果，也可能來自強制、規範以及模仿等制度性力量。其中引起最多討論的機制就是模仿，也就是擴散。即使在沒有強制性規範或競爭淘汰的情況下，一旦行動者為了取得正當性，開始採取所處場域內被視為正當的作法，也會出現同型化的結果。許多組織形式與作法，最早來自於某些因應需求的創新，而持續擴散成為場域內被視之為理所當然的前提後，這些認知與行為模式會更進一步形成社會現象學所強調的社會實體的建構。換言之，在場域內擴散的各種規則，不僅外在地規範了行動者的行為，更內化成為行動者間所共享的看待世界方式，透過各種排名、評比、敘事、專業守則、行規等機制形成的共享意義體系，使社會生活得以可能。

　　從日常生活中隨處都可見擴散取得正當性，而成為制度化標準流程的案例。就以台灣風行的手搖茶而言，早年並沒有甜度冰塊的調整選項，完全任商家自行調配。然而在消費者可自由選擇甜度冰塊透過擴散成為手搖茶的標準流程後，不僅甜度冰塊的分類出現跨廠商的共同基準，不願意調整的廠商也被迫跟進，在沒有外在強制力的情況下成為手搖茶市場的標準制度。

制度論的擴散研究更進一步延伸到對民族國家制度政策，乃至現代性的分析。傳統上對於政策與制度形成的研究，聚焦在國內權力結構或是功能性需求。然而從制度論的角度而言，對其他國家特別是先進國家的模仿，對「世界潮流」也就是國際社會正當性的追求，而非與在地社會的關聯，是許多政策或制度獲得採用的原因。

而攸關現代性的核心制度在非西方社會的擴散過程，未必是來自於制度的優越或是在地社會的需求，往往是國家在追求正當性的目的下移植而來，再由由上而下的過程滲透到在地社會中。也就是說，大眾教育、大學體制、憲政體制、司法系統、軍隊體制等現代民族國家的核心要件，在形成之初來自於功能性的需求，在當時建立起這些制度的國家內部，通常會經過各方權力錯縱複雜的角逐與協商。然而，一旦這些要件被視為國家不可或缺的組成後，其他國家便不會再去爭辯這些制度的必要性，而把採取這些制度當成前提。舉例而言，各個不同政治體系原本有各式不同的教育體系和文化，但由歐洲發源的大學體系成為公認理所當然的教育體系之後，各國都理所當然地以大學作為高等教育的機構，不會去質疑大學教育的目的，以及大學是否適合各國體制，而差別只是在於設立大學的種類與形式，也因此當前各種大學的世界評比和排名，才成為可能。

市場中如何擴散

如前所述，在網絡與制度兩個觀點下，對擴散的理解都做出了重要的社會學分析。這個觀點要如何連結到市場呢？

首先，無論在個人或組織的層次上，社會網絡是取得資訊以及其他類型資源的重要管道。這些資訊的傳播過程會帶來許多作法或認知的流傳，形成擴散的現象。在投資、求職以及重大消費行為如購屋與購車）等會受到個體間資訊以及觀念、態度擴散的影響。不僅個人鑲嵌在網絡中，企業組織也是如此。無論就重要交易、生產分工、股權分布、董事會與管理階層的人事組成等，組織間普遍存在不同層次的網絡關係。主導組織的行動者常常會利用

前述各種網絡取得無法從公開管道得到的資訊，獲取各種組織流程的細部知識，包括治理機構運作、人事制度、品管流程設計等的細部知識。換言之，市場中的網絡結構扮演重要的擴散基礎，當所有相關行動者都具有相似的認知與動機後，更容易促成集體的行動。一個鮮明地例子是企業的董監網絡對企業行為和策略的重要影響。

　　第二，當代主要市場以及大型企業的治理往往高度仰賴各類專業人士。因此這些專業的養成內容、分工型態、專業學會或組織所頒布的準則、專業內所流行的觀念與作法等，會深刻影響專業人士的世界觀，進而影響組織的運作方式並形塑市場的樣態。組織的運作必須仰賴人資、財務、會計乃至於策略管理等各種不同的專業分工，也因此這些專業內所盛行的思維與作法，很容易隨著營運組織的大型專業人士在企業中擴散，建構出組織所賴以運作的社會世界，形成非正式的規範。市場中的大型企業組織往往也必須得到外界的認可，才能得到足夠的資源並獲取地位。舉例而言，就股市發達的國家而言，所謂得到「市場認同」，也就是吸引機構投資人投資，攸關企業的整體發展。除了實質的獲利外，能不能符合投資人的預期成為重要的關鍵。因此投資機構的偏好、信念甚至使用的分析工具，很容易在企業間擴散。媒體則在提供敘事上扮演非常重要的角色，對明星經理人的偏好，對創新形象的支持等，對高薪執行長的接受等，都會促成企業組織相對應的變化。

　　擴散對市場的影響在當前還是一個方興未艾的主題，而台灣經濟體系的運作也存在許多值得探討的現象。舉例而言，台灣投資人往往偏好從自己熟識的人、而非正式機構的報告決定投資。此外，近年來外資在台股影響力越來越大，外資所偏好的作法是否會透過擴散機制影響台灣企業的行為？台灣的生產網絡除了生產流程的分工外，在因應各種法律以及其他環境變化的作法上，會不會因此而產生擴散的效應？這些都值得進一步探討。

市場中的擴散？

中央研究院社會學研究所副研究員 謝斐宇

從黑手變頭家到隱形冠軍：
台灣中小企業的產業升級與技術創新（1996-2011）

近來媒體頻頻報導中國「紅色供應鏈」的崛起，將造成台灣資訊科技產業的沒落，台灣產業轉型前景堪憂；但於此同時，也有越來越多研究和新聞報導指出，台灣機械產業中的許多中小企業，產品附加價值節節高升，並且扮演全球產業中上游不可或缺的供應商角色。特別是從事零件製造商角色的中小企業，在當前追求高科技轉型的過程中仍然相當活躍。於是台灣產業所謂的「隱形冠軍」，再度成為討論焦點。在這篇短文中，我將從中小企業部門創新與學習來源的角度，講述較少受到關注的「隱形冠軍」故事。在解釋台灣中小企業的技術能力與創新時，「零件製造廠」通常不被視為要角，但

是透過比較台灣與其他先進國家的經驗，將可以說明這個在「台灣經驗」經常會被忽略的面向和特徵。

一、為什麼中小企業和製造業仍然值得關注

讓我先說明以下兩個問題：（1）為什麼我們必須關注中小企業？（2）為什麼在談論知識密集經濟的產業轉型時，依然不可忽略製造業？

首先，中小企業之所以重要，是因為中小企業提供大量就業機會，是整體經濟的骨幹，中小企業能帶動更均等的經濟成長，也是學習與創新的來源。已有不少研究指出，美國過去三十年來的貧富差距惡化，都和「去工業化」、「經濟金融化」有關。「經濟金融化」指的是公司不再投資資本財，反倒縮減規模、專注於「股東價值」這個最大化短期收益與股東利潤的現象。從這裡，就可以引申出我第二個觀點：製造業依然重要。考察如德國等西歐國家與如丹麥的小型國家的產業轉型過程，將會發現中小企業一直都是這些經濟體中的重要驅動者。在產業轉型或所謂的「往知識經濟轉型」的過程中，面對來自於亞洲國家的競爭，他們的中小企業不僅沒有從製造活動中撤退，相對的，反而持續活躍於高品質與高附加價值的產品製造領域。另外，美國歐巴馬政府為了將製造業帶回美國，下了許多工夫，包括建立各種中小企業創新及創業平台，或是提供各種誘因與有利政策。

二、台灣戰後工業化發展的特徵：
　　分散式工業化及與出口導向的零件部門

「分散式工業化」是台灣戰後經濟發展的獨特特徵，具體的表現是中小企業製造商群聚在特定地理區域。許多中小企業專精於生產流程的特定階段，並與其他生產階段的中小企業構成互補關係。這些中小企業協力網絡，構成了所謂台灣奇蹟的基礎。在許多產業中，從 1970 年代的製鞋、成衣、腳踏車，1980 年代的工具機，到 1990 年代的資訊電子工業，台灣中小企業成功地進入了全球生產鏈。而與其他國家，如日本、韓國的中小企業最大的不

同的地方,是直接從事出口活動且國際化的程度很高。

在台灣的分散式產業體系中,許多產業普遍具有下列特徵:

(1) 以中小企業為基礎的生產體系當中,存在著廣泛的分工,生產流程彼此互補的現象。這些廠商群聚在特定的地理區域,或者稱為「產業聚落」,彼此之間有時競爭,有時也進行合作。台灣的製造業大部分由兩個部門所構成:裝配部門、零件部門(協力廠商)。裝配部門涉及的項目是零件外包體系與生產高度專業化,轉包的活動原則上在零件部門中運作,也就是組件中的許多零件被轉包給專精於製造這些零件或加工程序的小工廠,形成一個綿密的分工體系。
(2) 中小企業生產網絡由眾多的獨立零件製造廠與專業加工廠組成,這些廠商專精於生產中間商品,並不製造最終產品。
(3) 生產網絡具開放性,並且沒有依賴性,零件製造商與專業加工廠商通常不侷限於與特定的某一家裝配商或供應商合作,他們能同時供應給產業內的許多廠商,也能將產品賣給其他產業。這和只能和特定中心廠商合作的中心衛星工廠體系是完全不同的關係型態。
(4) 零件製造廠與專業加工廠可以直接進入全球生產鏈:直接面對國外客戶、自行接單出口、市場高度國際化。它們有能力在世界市場中競爭,而非完全依賴國內的裝配廠或中心廠。

分散式工業化所帶來的結果是跨產業間的高度連結。開放且不依賴的網絡,意味著資訊不只在產業內散播,還會在產業間傳遞。例如,為機械裝配廠與零件製造商進行鑽孔、車床、銑磨、鍛造、金屬表面處理、陽極氧化等步驟的專業加工廠,並不閉鎖在單個產業或供應商中,他們也替許多產業進行加工。跨產業的經驗,常常替他們的客戶帶來新的突破。同時,零件製造商直接出口的能力,意味著他們有多重接觸資訊的管道,而擁有多重學習的資訊來源。因此,技術知識與想法沒有被限制在單一廠內,而是能跨越各種產業邊界,進行重新組合,產生新的突破。

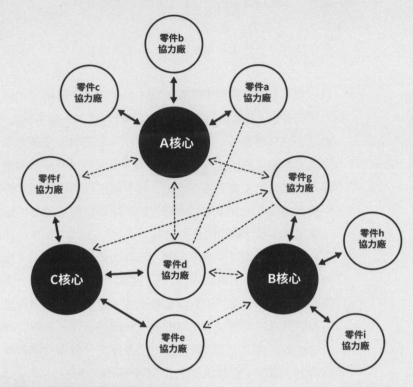

※圖示中示意之廠商大小與廠商規模大小無關

舉例補充說明：

零件 d 協力廠除了可以接受自己主要合作的 C 核心公司委託進行相關生產之外，亦可以接受其他 A 與 B 核心公司的委託進行生產。而其生產的技術和產品的改進和創新，則可以與其他零件廠 a 與 g 互相學習與交流。

三、機械業中小企業的角色與貢獻

　　1996 到 2011 年的工商與服務業普查資料，以機械業為例，可以來說明中小企業在過去二十年來台灣經濟發展中的角色與貢獻。我們一般的印象是認為，二十年以來在資訊科技產業的帶領之下，促使台灣邁向高科技轉型發展。資訊科技產業的總營收占製造業總營收的比例，從 1996 年的 21.7%，增加到 2011 年的 49.7%；同時，資訊科技產業的附加價值占製造業總附加價值

的比例，從 1996 年的 17.8%，上升到 2011 的 40%。但是，如果我們透過三碼分類檢視產業的組成，進一步分析部門中的次級產業表現，整個故事看起來就會有點不同。

儘管金屬機械產業較少受到關注，往往被視為傳統產業、欠缺發展性，但其對製造業整體附加價值的貢獻，其實與資訊科技部門（扣除半導體產業）的整體表現不相上下。舉例來說，2011 年半導體產業只占製造業總營收的 6.2%，卻創造了製造業總附加價值的 17%，而電腦和電腦周邊設備業占製造業總營收的 26.5%，卻僅創造製造業總附加價值的 5.6%。如果扣除半導體產業，那麼，2011 年資訊科技產業的營收占製造業總營收的 43.5%，卻只創造製造業附加價值的 23%。相較之下，同一年金屬機械業占製造業總營收的 22.1%，卻創造製造業 26.9% 的附加價值。也就是說，過於關注資訊科技產業這個成功的樣板產業，可能扭曲了我們對台灣製造業整體表現的理解。

在當前台灣經濟轉型的過程中，機械部門的表現與資訊科技產業的表現其實旗鼓相當。資訊科技產業部門的營收成長，多來自生產國際化，所謂的台灣接單、海外生產出口的三角貿易，其中又以電腦和電腦周邊設備業最為明顯。由於大量營收都用於購買中間投入品和最終產品，故與其他部門相比，在台灣的生產活動並不多，創造的生產總值和附加價值也因而大大減少。

而在機械部門的中小企業，則對台灣製造業的產值、就業與創業活動持續提供重要貢獻。舉例來說，從 1996 年到 2011 年，金屬機械業超過半數以上的營收和附加價值，是由員工人數少於 200 人的中小企業所創造。從 1996 年到 2011 年，金屬機械部門中企業的平均員工數為 12 人，只有占製造業部門的企業平均 17 至 18 人的員工數 70% 左右。同時，金屬機械部門一直提供最多的就業機會，自 1996 年起，雇用人數占製造業員工總數的 36% 以上；相較之下資訊科技產業雇用人數 1996 年只占 16.3%，2011 年則有 28.3%。另外，從過去十五年來所有登記有案的製造業企業數量來看，金屬機械業數量超過 50%，且還在持續增加，而資訊科技業大約只占 6%。也就是說機械產業的創業家精神依然蓬勃。

再者，若以專利分析作為衡量創新或技術能力的指標，更展現機械部門數十年以來對於台灣產業轉型的重要性。工具機、運輸設備和運動設備三種次級產業都擠進台灣專利數排名的前十名，其中的台灣機械部門專利有一半以上是登記在個人而非組織，顯見中小企業一直都是台灣產業創新的來源。

總的來說，分散化生產的中小企業體系是創造台灣經濟奇蹟的最大特色，儘管向來不受關注，卻在過去二十年間持續帶動台灣的產業升級，對台灣經濟活動帶來莫大的貢獻。

四、中小企業的全球競爭力──創新與學習

討論至此，讀者可能會疑惑，台灣中小企業的全球競爭力從何而來？如何依靠小規模的研發躋身全球生產網絡，並在全球市場中競爭？坊間輿論不是都認為中小企業研發投資少，只從事代工，沒有任何技術可言嗎？根據我長期對台灣中小型機械部門零件廠商的研究，我認為他們的全球競爭力來自學習與創新，且不只發生在廠商內部，也由廠商間的互動所產生，而零件製造廠是主要的驅動者。

(一)零件製造廠與專業加工廠的技術能力：技術相互依賴的特性

「技術趨同」指的是在機械與金屬應用部門中，許多最終產品／產業在中間投入的層次，在製程、技能、技術與設備上具有相似性。舉例來說，所有進行鑽孔、研磨、銑磨、鑿孔等類似操作的機器，所遭遇的技術問題都與金屬的性質有關。因此，這些發生在生產過程中的問題，是許多產業與產品所共同遭遇的，這些問題與最終產品的使用無關，卻與技術基礎息息相關。往前更進一步來看，技術趨同會對新技術的發展與擴散產生連鎖影響：在解決中間生產流程的特定問題時產生創新與突破，接著會以技能或技術的形式，有助於其他金屬產業的應用，促成技術傳播與新技術的使用。

由於技術趨同屬於中間投入層次的創新，因此很容易被忽略，難以在最

終產品的層次上被辨識出來。舉例來說，對輕量與節能材料的需求，促成了許多上游及精密加工產業的進步。技術的變遷往往是透過在中間投入部分的持續性小突破累積而成，一鳴驚人式的創新並不常出現。依循此種邏輯，研發支出、專利、資本投資等指標，都難以捕捉這類中小企業創新及開發能力而常被忽略。在我們理解中小企業的創新時，儘管製程創新的能見度較低，漸進的製程創新對整體經濟來說卻相當重要。這是許多台灣中小企業的貢獻，也解釋了為何他們可以持續在國際市場占有一席之地的原因。

(二)跨產業的學習：多重連結與多重學習來源

在台灣的開放網絡生產體系下，技術趨同的特質有助於跨產業的學習，並促成新材料與新製造技術的使用。另外，台灣零件廠商直接出口的能力，正說明了透過連結不同生產網絡得以接觸新資訊的重要性，直接促使產業間資訊的自由流動。進一步讓零件部門能追求中間投入層次上的進步與創新，能夠廣泛地應用而非僅用於最終產品階段。於是，企業決定外包的主因，並不僅是尋求廉價勞力，而是想要利用跨產業獨立零件製造商的創意與核心能力。由於強調品質和技術，使得零件製造商和專門製造商在生產過程中變得更為重要，而不只是大型領導企業扶持下沒有力量的外包商。

五、結論

如果讀者接受我對台灣中小企業技術創新經驗的看法，則對產業如何運作發展，例如廠商間關係、創新與學習的來源，附加價值創造的主要角色等問題，應該會得到一個與傳統觀點相當不同的圖像。研發與創新／學習不只來自於實驗室，不只來自於資本設備投資，也來自於生產現場中長期的技術經驗累積，以及跨產業的合作。這種品質導向／高附加價值的製造業，強調現場技術工的技能養成，以及以工藝為基礎的技能。這些需求顯示了現今台灣在技術人才訓練與技職教育深化方面的急迫性。

如果我們同意零件廠商及專業製造廠商，是台灣中小企業技術創新的支

柱，我們應該提問與關注的議題，將不再是如何提升規模或建立自有品牌，甚至是放棄製造業，而是如何才能建構出人性化／高品質的生產體制。我們所關心的問題，將不再是如何培育個別廠商，而是如何在現今中小企業的協力網絡及聚落的結構下，孕育出一個互相支援的技術創新、發展性的外部經濟以在全球市場上競爭。

巷仔口的中藥房：
醫藥專業鬥爭與中藥房的降格

台灣大學社會學系博士後研究員 安勤之

　　根據 2016 年的《康健雜誌》報導，中藥房已經變得「又老又少」，每年幾乎都有 200 家左右歇業，執業者平均年齡近 60 歲。中藥商甚至走上街頭，並組成「中藥從業青年權益促進會」向政府爭取權益。要如何解釋中藥房沒落的現象？本文將透過社會學觀點從制度發展談起，討論中藥房沒落的社會條件。

被內外夾擊的中藥商

(一)政府制度比照西藥架構，區隔中藥業者的「藥」與「商」

　　日本人對台的醫療行政措施，採取廢除中醫保存中藥的態度，對藥商管理較為寬鬆。國民政府則因韓戰緣故，接受美援，引入美式藥物管理政策：

如設立食品藥物及化妝品管理局、美式藥業、廠房設施、藥品開發步驟與研究、藥廠優良製造標準（GMP）、及生體可用率與生體相等性確效等等制度。但不論日式制度或是美式制度，繼受兩者的台灣政府，以「西藥」作為藥物管制架構，對中藥管理相對寬鬆，僅僅以行政命令限制偽劣禁藥。

中藥業作為職業團體，有自身的倫理規範。當時的行政院衛生署（今升格為衛福部）指出，在「民國56年以前，中藥商開業，必須由領有政府執照的兩家同業保證所用店夥有從事中藥業三年以上經驗，熟諳藥性，乃得領照營業」。1960年代之前，中藥行為表現其公信力，會將客人委託代煎中藥之藥渣倒在門口，供大眾檢視藥材道地質優與否。「修合無人問，存心有天知」是藥房合藥，製作丹膏丸散的守則。日本人採取廢醫存藥的政策，使得中醫師逐漸凋零，但中藥房反而數量成長，發展較好的還能聘請中醫師坐堂，成為中醫師的雇主。

民國56年內政部公告《藥商管理規則》，改變了中藥房的局勢。

中國醫藥學院教授張賢哲與蔡貴花指出，《藥商管理規則》第三條將藥商明確區分為中藥商負責人與藥品管理人，第六條則規定「中藥販賣業者，應聘用中醫師或熟諳藥性之人員管理藥品」。這些條文導致租牌陋規、中醫醫藥不分、藥劑師被排斥在中藥業外等爭議。詳細來說：

（1）中藥業藥品管理人與商號管理人分開的執照原則。這項原則比照西藥管理人與商號分開的制度，即採取西藥「聘藥劑師、藥劑生管理」的制度，為中藥商模仿西藥商「租牌營業」的陋規開啟門戶。
（2）將中醫師納入管理中藥條文之開始。破壞了中醫藥的醫藥分業傳統，醫師自設藥局，隨著科學中藥普及於市場，中醫師慣用這些濃縮製品，反而對藥材的相關知識感到陌生，造成中醫藥知識的文化斷層。
（3）封殺藥劑師從事中藥業務。在民國56年時，已有中國醫藥學院畢業的藥劑師，修習60學分以上的中藥課程，共計五屆的畢業生200人，被摒除於中藥經營。

民國 59 年公布的《藥物藥商管理法》，希望管理當時藥商種類混亂的問題。當時的藥商結構複雜，計有九種，包括西藥種商、臨時西藥種商、臨時西藥商；中藥商、臨時中藥種商、臨時中藥；成藥調劑商、藥品零售商、成藥攤商。這種複雜結構導致該法難以適法，而使中藥人員的資格認定成為懸案。

　　衛生署為解決此複雜藥商問題，在民國 62 年訂定「藥商整頓方案」，將臨時中藥商及中藥種商，透過換發執照，認定為符合《藥物藥商管理法》所稱的「確具中藥知識及鑑別能力人員」。但是礙於資訊流通有限，在民國 63 年 5 月 31 日，總計 7,668 家的中藥商僅有 6,642 家換發，計 1,026 家在該日後成為無照中藥商，引發爭議。原先《藥物藥商管理法》規定中藥商採「登記」方式產生，但是行政部門卻在相關團體施壓下，在施行細則中規定需「考試及格」，子法扞格母法，監察院糾正行政部門侵奪考試權，考試一直未舉辦。這些無照中藥商，只好透過聘請中醫師或租借牌照，才能合法開業。

(二)藥劑師群體內，以「科學專業」為名排除傳統中藥業者

　　中藥商除了面對政府管制，尚有藥劑師群體的鬥爭，這些藥劑師後來在立法過程中，正名成「藥師」，將自身界定為「專業者」。藥劑師主張藥不分中西，高舉現代化大旗，強勢影響法令政策走向，包括《藥物藥商管理法》中關於中藥管理人員資格的認定，以及民國 68 年修正通過的《藥師法》的內容。後者規定凡修習中藥課程達適當標準之藥師，得以從事中藥販賣業。

　　西藥界高舉「用藥安全」，希望透過拓展中藥市場，分散藥業市場飽和壓力，這些壓力來自於藥學系擴張快速，藥師與藥劑生已供過於求。藥師團體透過「用藥專業」與「藥物風險」等論述，擠壓中藥業者的生存空間。中藥界面對藥師論述，只能高舉「工作權」以保障權益。雙方爭執不休，留待政府處置。

　　中藥商問題，自民國 62 年起，延宕近二十年。衛生署與相關單位協商後，

決議採取將中藥相關從業人員認定為「商」（非中藥「師」），以「列冊一次解決，法律保障」的方式，將中藥商公會列冊陳報符合標準者（表1）作為對象，認可執業權利，核發執照。民國82年1月18日《藥事法》第103條三讀通過中藥商列冊方案，但是該法案僅溯至民國63年5月31日前適用之相關從業人員。因此，中藥商爭取立委合作，修改《藥事法》，於民國87年6月24日通過第103條修正條文，讓在民國82年2月5日能夠向主管機關證明有中藥營業事實之店家，得以繼續經營中藥業務。此日期之後，若欲經營中藥房的人，就必須擁有藥師或中醫師執照，才得執業。

民國83年《藥事法》第103條施行，各界有許多不滿，但結果尚可接受，暫時為二十年來紛爭不已的中藥商問題，畫下休止符。但自此以後，基於從

類別	資格標準
第一類	民國76年6月30日前聘中醫師管理，現仍繼續經營業務者。
第二類	確具中藥基本知識及鑑別能力人員死亡，其繼承者仍繼續經營業務者。
第三類	原於民國76年6月30日前曾聘中醫師管理，辭聘後現仍繼續經營業務者。
第四類	確具中藥基本知識及鑑別能力人員之子女限一人，其於同址確有經營中藥業務，且現仍繼續經營該項業務者（子女與合夥人，僅能選擇一類，不能重複）。
第五類	確具中藥基本知識及鑑別能力人員之合夥人或股東一人，其於同址確有經營中藥業務且現仍繼續經營該項業務者。
第六類	民國63年藥商整頓方案未換照，仍繼續經營業務者。
第七類	民國76年6月30日前曾經地方衛生機關查核有案，現仍繼續經營業務者。

表一　民國82年中藥商列冊資格標準

資料來源：《台灣省政府公報》83年春字第44期。

商不從人的原則，中藥商不再以「確具中藥基本知識及鑑別能力人員」作為專門職業身分，失去調劑權，無機會分享全民健保的調劑大餅；其次，父子相承、師徒相授的傳承方式就此中斷，店裡藥童再無自立門戶的機會，必須聘請藥師、藥劑生或中醫師，或者自身考取藥師或中醫師執照才能開業，增加中藥業者的營業阻力。換言之，中藥界在此法之後，慢慢面對「（中）藥師不死，只是逐漸凋零」的狀況。中藥房若是後繼無人，老藥師即使一身技藝，也只能埋藏塵土。

時至今日，離《藥事法》第 103 條修正案已二十年，老藥師逐漸凋零，或無子女承接而收店；或有子女承接而於法不容。國家對於中藥從業人員的教育、考試、訓練、任用制度並未落實，政府消極回應來自不同利益團體（中藥從業人員、藥師團體、中醫師團體）的施壓。中藥相關從業青年，決定組織人民團體自救，成立「台灣中藥從業青年權益促進會」，走上街頭爭取權利，想透過爭取「中藥技術士」的方式，取得執業空間。但種種挑戰與困難迎面而來，譬如中醫師不認同醫藥分業的理念，藥師不認為中藥從業人員能夠保障民眾的用藥安全，而中藥從業人員所重視的傳承與經驗，得不到國家制度的保障與認同等。

(三)中藥廠利益先於中藥房利益

實際上，中藥從業者要面對的，不僅僅是這些來自外部的挑戰，還有中藥藥廠。在歷史發展過程中，政策擬定者僅僅看見藥廠利益，而無視於第一線中藥房的從業利益。民國 60 年行政院衛生署藥政處的處長，正是創辦順天堂公司的許鴻源，國家政策高度仰賴中藥廠作為諮詢對象，迄今仍然如此，而被犧牲的就是小藥房的利益。自民國 50 年代起，政府輔導中藥廠轉型，陸續公布「固有成方調製丸、散、膏、丹」、「台灣省製藥工廠設廠標準」、「中藥製藥工廠設廠標準」，並且逐步要求中藥廠施行優良藥品製造標準，中藥房若不符合相關設備需求，並取得相關工廠證照，就會受罰，譬如台北市的慶餘堂的案例。

其次，全民健保僅給付科學中藥（濃縮粉劑），而不給付飲片藥材，有利於中醫院所與中藥廠的結合，使中醫院所與中藥房脫勾。更重要的是，在全民健保的制度框架下，科學中藥改變了醫師的開藥習慣以及民眾的用藥方式，中藥房的生計受到極大衝擊。

最後，在歷史發展的過程中，中藥房被特定事件汙名化，如八寶粉事件、朱砂汞中毒事件、犀牛角事件、中醫師濫用龍膽瀉肝湯的馬兜鈴酸事件等，使中藥蒙上了不安全、不環保的汙名，其他專業者以「風險管理」為名，譬如中藥廠、中醫師、藥師削減中藥房獨力執業的正當性。其他醫藥相關從業者將中藥房業者降格為帶著汙名與缺乏自主性的沒落行業，這是不同專業之間利益鬥爭的結果。

重拾中藥的知識專業與重要性

中藥與國人的生活習慣緊密相關，國人仰賴中藥調理身體，坐月子更是女性一生中大量服用中藥的時期。中藥帶給人們酸苦甘辛鹹的人生百味，中藥房則是交流生活大小事的社區中心。中藥房的老板除了分享與傾聽巷仔口的故事外，其實也透過專業知識為民眾把關藥物安全，譬如交待某些藥物應該先去請教醫師再使用，或者告誡某些藥物的用量過重，必須謹慎服用。巷仔口的社會學，遭遇了巷仔口的中藥房，看見了它的凋零。中藥房的凋零，不是因為在我們的文化當中不再重要，而是因為諸多利益團體的競爭關係，導致不同行業（中醫師、藥師、中藥廠）在歷史過程中，踩著藥房往上爬，並且透過制度化的手段，法制化中藥房對於中醫師、藥師與藥廠的從屬關係。

當我們不能正視「中藥知識」是門專業，而僅僅認為中藥應該從屬於「醫療知識」、「科學知識」、「西藥知識」、「經濟利益」；如果我們不能重視「中藥從業者」是專業人員，而不僅僅是「商業人員」，那麼，我們將斷了傳統文化的根，少了一種回應日常生活苦楚的自我療癒方式。病時啜稀粥，清熱食綠豆，水腫服紅豆水，這些看似微不足道的中醫藥知識，卻是實實在在地讓病家還能把握多少醫療自主性，回應日常生活困境的自我衛生之道。

中藥業是個專業，但因為其他專業的競爭而降格。那琦博士在《台灣藥學史》一書指出：「我國今日之藥局，其營業之對象亦為國民，故自歷史的觀點言之，自以稱『藥局』為當。……至於『房』字之字義，乃謂『正室之旁』為房，房乃是『側室』。吾儕藥師所經營之藥局，豈可甘居『側室』？！」隨著西藥從業者取得國家認可，在立法競爭過程中，自命為藥師，降格中藥從業者為藥商；自稱執業空間為藥局，降格中藥業者為藥房。中藥業者的名稱，已是卑屈印記的烙痕。

若中藥從業人員希望改變現況，就必須號召有志者投身歷史、制度與社會面向的研究，揭露種種現有制度的不公平，與意識形態的偏見，並且以社會分析與證據醫學的方式，反駁中藥汙名。過往的中藥從業者，希望合法化自身非法地位，妥協自我身分為「商」，作為交換條件，放棄了專業自主性。今日的中藥青年們，應該重新將「藥」奪回來，透過各種研究、各種發表，彰顯中藥專業性，以及中藥房在社會、經濟、文化、歷史層面的重要性，進一步透過制度化方式，建立自身的專業地位。世界各國逐漸重視傳統醫藥的價值，中醫藥相關從業人員也應廣博掌握傳統醫藥在世界各國的發展趨勢，透過國際比較的方式，促使政府重新省思中醫藥與西醫藥的關係，在國家政策上重新定位傳統中醫藥的價值。

本文後續引發爭議與討論，歡迎讀者至巷仔口社會學網站〈巷仔口的中藥房〉（https://twstreetcorner.org/2018/01/16/anchinchih/）文末，參考該爭議與延伸閱讀。

建構台灣茶：
喝茶如何成為台灣的日常生活文化？

台北大學社會學系助理教授 陳宇翔

　　「茶」，特別是「烏龍茶」似乎已經被視為台灣飲食文化的象徵。無論是長輩在家裡泡茶、文青喜愛的氣質茶店、路上隨處可見的手搖茶，茶已經進入到當代台灣生活的每個角落。尤其每當我們送外國朋友禮物時，「台灣烏龍茶」總是一個不錯的選項，被認為高貴大方又具有台灣特色。

　　目前年輕一輩的台灣人可能會認為台灣人種茶、喝茶的歷史悠久，似乎「茶」是台灣人自古以來生活中的一個重要部分。如同所謂「開門七件事」：柴、米、油、鹽、醬、醋、茶，茶即是名列其中。然而，台灣人種茶的歷史不如許多人想像中來得長，而台灣大眾普遍喝茶的時間並非是很久之前的事。

台灣茶國內市場的興起

　　台灣雖然在四百年前就有漢人開墾農作，但台灣茶是直到十九世紀中葉，才由英國商人從福建引入茶樹與製茶技術到台灣北部丘陵，當初規劃是要出口到美國市場。到了 1895 年日本統治台灣之前，台灣茶已經普遍由洋行出口到海外，成為台灣最重要的出口品。從清朝、日治，一直到 1970 年代中葉，台灣絕大部分的茶葉都是出口的商品，這個變化可以從下圖中看到。

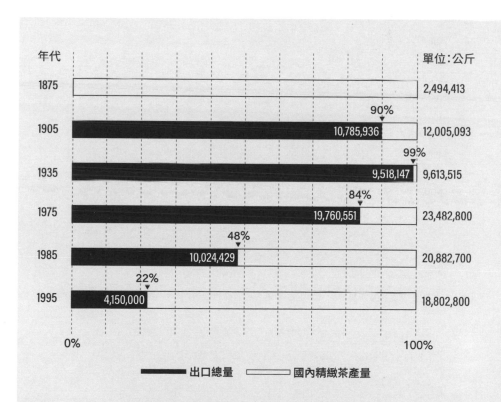

圖一　台灣茶葉生產與出口量

資料出處：《農業統計年報》1960-2004 年；《農業統計要覽》；徐英祥編譯，《台灣日據時期茶業文獻譯集》，桃園：台灣省茶葉改良場，1995 年，518-521 頁；姜道章，〈台灣之茶業〉，《台灣銀行季刊》12 卷 3 期（1962 年）：136 頁。

台灣茶葉國內市場興起的同時，台灣茶價格產生爆發性地攀升。在 1979 年，台灣國內的茶價，凍頂烏龍茶每公斤約 44 美元、文山包種每公斤約 37 美元。相對於當時印度、錫蘭、肯亞高級紅茶在英國倫敦茶葉市場最高價每公斤 3.2 美元，文山包種及凍頂烏龍分別要高出 8 到 13 倍。當時台灣普通內銷茶的售價，每公斤達 12 美元也是屬於世界高價，相對於台灣外銷茶平均每公斤才 1 到 1.2 美元。下圖顯示台灣茶葉價格的迅速變化。

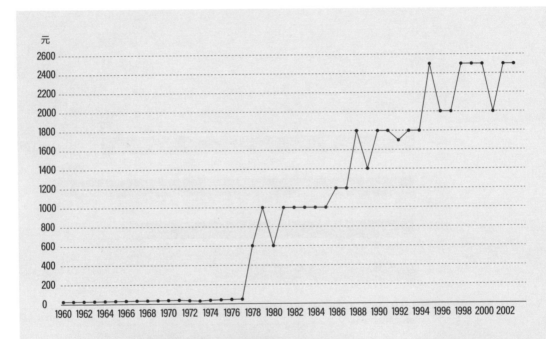

圖二　台灣高級半發酵茶每台斤價格變化（1960-2003）

資料出處：《茶訊》1960 年至 2003 年各期。

▍「台灣烏龍茶」之壟斷租的社會建構

　　在 1970 年代中之前，台灣茶以出口為主，面對近乎完全競爭的外銷市場，產品必須與其他產茶國進行價格競爭。然而，到了 1980 年代，強調特有品種與半發酵製作方式的「台灣烏龍茶」開始在市場普及，在國內成為具有

壟斷力的商品，內銷價格迅速上漲，更超越國際高級茶葉的售價。

探究這個經濟現象背後的社會脈絡即是社會學家的任務所在。

馬克思認為「租」（rent）就是私有財產權的占有，為個人對自然力量的壟斷。商品本身獨特而產生壟斷價格，即是產生「壟斷租」（monopoly rent）。大衛・哈維（David Harvey）認為地區的自然壟斷，也就是藉由空間距離來維持產品獨特性，在全球化的過程中已無法存在。此時地方為保存其壟斷租，即地方獨特性所產生的經濟利益，需藉由論述的壟斷性宣稱（monopoly claims），建構地方特有的自然環境、歷史記憶、文化氛圍等，創造無法被其他地區取代的獨特性。

1980 年代為「台灣烏龍茶」即為壟斷租社會建構的成功例子，創造出無法取代的獨特性，其特徵是選擇性歷史的建構。就如哈維所言，一個地方在建構壟斷租時，可藉由歷史記憶，也就是集體象徵資本來創造其獨特性，而其論述的「歷史」，則是「選擇性歷史建構」。台灣烏龍茶的歷史建構，大致可區分三個層面：「喝茶為台灣日常文化」、「悠久的茶葉產地」、「台灣茶即是烏龍茶」。

喝茶為台灣日常文化

1950 年代出生的台灣茶消費者，普遍都是「成年才有喝茶，並且認識到茶藝式精緻飲茶。在此之前家裡未有喝茶習慣」。「以前家裡平常都是喝白開水，如果有客人來，就會去巷口雜貨店買汽水。……泡茶，是大學畢業之後，才開始有朋友在喝，好像是在天仁買茶時候學的。」

這種視喝茶為理所當然的台灣日常文化，事實上是在 1970 至 1980 年代的台灣社會中所逐步建構出來。

在 1970 年代之前台灣茶商都將廣告集中於海外，包含日治時期時以日本

母國為廣告訴求的對象。最早有計畫地向國內推廣「台灣茶」為製茶公會的「台茶宣傳小組」。在 1974 至 1975 年間，他們以海報、宣傳品、報紙專欄等方式宣導台灣茶飲用，將飲茶與歷史、文化、健康、日常生活進行連結。

台灣茶品質與價格印象的提升，主要來自農林廳與各地農會從 1975 年起陸續合辦的茶葉比賽。首次的包種茶比賽與展售會在 1975 年於新店舉辦，立即將茶價提升三倍之上。由於對地方茶價拉抬效果顯著，次年，各茶區農會都爭相舉辦茶葉比賽，內銷台茶的價格迅速攀升。茶商則在茶比賽舉辦初期就扮演重要的角色，他們為了將內銷茶價位拉高，就積極地用高價標購參加比賽得獎的茶。例如早期鹿谷鄉農會茶比賽的最高價，都是知名的品牌天仁茗茶所創下的。

蓬勃發展的茶藝活動則將台灣茶深入社會各層面。1970 年代中期至 1980 年代，伴隨茶比賽所帶起台灣茶為高級商品之印象，至少有 500 間茶藝館開設、五個茶藝組織成立、八本茶藝雜誌創刊，精緻飲茶開始在台灣出現。

茶藝館和茶藝組織開始推廣精緻飲茶，當成一種傳統文化的形式，成為我們今日生活中熟悉的飲茶型態。

「開始泡茶是工作以後，那時候需要常跑客戶那裡，所以才接觸到。……那個時候，台灣開始有錢了，又有茶藝館什麼的，到處都在流行泡茶。」

悠久的茶葉產地

台灣茶是從北部發源。直到 1970 年代，台灣茶葉的主要產地仍為北部丘陵，生產綠茶、紅茶等外銷茶種。但由於北部丘陵一直為外銷茶區，並沒有對國內進行宣傳，因此社會大眾對這些茶區的認識有限。相對於此，在 1970 年代才興起的中部山區，銷售則以國內市場為主，當地農會與茶農都積極提高知名度，強調產地的特色，例如，《中央日報》1985 年間就有鹿谷鄉農會即以悠久歷史作為凍頂茶的介紹：

「清道光年間，鹿谷有一舉人林鳳池欲赴福建應試，……特從武夷山帶回 36 株烏龍茶苗……，遂見形成大規模的烏龍茶產區。」

這造成許多台灣茶葉消費者的錯覺，將「中部山區視為台灣茶固有的產地，除了文山地區之外」。事實上，這些地區在 1980 年代之前，茶園面積都極為有限，且多為農家兼種的作物而已。茶一直只是當地農家小量種植的副業。以鹿谷鄉、名間鄉、坪林鄉為例，統計數字、文獻記載、當地受訪者的敘述都一致指出，這些地區在 1970 年代末之前都沒有進行大規模地種茶。稻、香蕉、竹子、柚子等才是當地主要作物。然而百年來持續以茶作為主要作物的桃園、新竹一帶，卻直到近年轉向國內市場後，才開始積極宣傳其「悠久歷史」的特色。

台灣茶即是烏龍茶

在台灣茶以出口為主的百年中，烏龍茶、紅茶與綠茶分別為台灣出口的主要品項。然而，許多民眾只知道台灣有生產烏龍茶，對台灣長期大量生產紅茶、綠茶之事卻感到相當陌生。特別弔詭的是，現在習慣稱為「烏龍茶」的茶葉類型，事實上卻是過去所謂的「包種茶」。現在普遍稱之為「烏龍茶」的茶葉，其製作方式上是延續 1921 年以來無花香包種茶的製作方式，只是 1940 年代後加入以布巾揉捻為球形這個步驟而已，與早期的「烏龍茶」差異甚大。

台灣過去所謂的「烏龍茶」即為現在的東方美人茶，其口感相較包種茶更接近紅茶。因為這樣的緣故，茶業改良場將「現在的烏龍茶」定義為「包種茶」的一類，但是仍無法改變社會大眾對於「烏龍茶」的認定。如此才能理解為何日治時期認為只有夏季製作的「烏龍茶」最為獨特，口感最好，卻強調「包種茶」以春茶的品質最佳。事實上，這和現在普遍認為夏季東方美人與烏龍春茶最佳是相互呼應的。在釐清此「烏龍」非彼「烏龍」之後，即能理解古今品茶觀點仍有一致性。

壟斷商品建構與小農生存

　　哈維所指出地方創造壟斷租的方式——壟斷性宣稱——實體差異加上論述效果，可視為地方創造壟斷租成功的必要條件，但是這卻非充分條件。在這個全球資本主義時代，各個地方都積極藉由壟斷性宣稱來創造自身的壟斷租，但卻非每個一地方都成功。壟斷租建構背後核心其實是一個「價值標準」，口感、氛圍、甚至不可感的精神層次等等，地方獨特性因為符合這個標準而產生了價值。例如悠久的歷史，即是普遍認為具有價值的特質，許多古老城市就因此而具有壟斷租。不可否認，許多價值標準的建立是掌握在具有論述權力或中介的行動者身上，例如聯合國教科文組織世界文化和自然遺產、國家公園、知名品酒師、茶比賽評審等，而這也是我們思考地方壟斷租創造時不可忽略的環節。

　　以社會總體利益角度，壟斷租為生產剩餘的占有，讓社會總體利益遭受損失，代表缺乏效率的行為。但若以茶農生存的角度，這卻讓他們突破台灣小農經營的困境。經由社會行動與論述創造「壟斷租」而提高小農收益的現象，也在拉丁美洲、東非的咖啡栽種業熱烈地發展。茶業、葡萄酒業、咖啡業皆為農業中特例，或許無法就此類推到其他農作產業上。但是這些農產商品從平價到高價都有，並非都只出產壟斷性商品。台灣茶的案例就說明了，針對整體市場中的高價利基市場，藉由產品價值標準的建立，配合社會行動與論述，確實有建構出壟斷性商品的可能性，從而能夠發展出讓精緻小農生存且獲利的空間。

本文改寫自作者的期刊論文：〈從烏龍茶到高山茶：台灣茶壟斷租的社會建構〉，《台灣社會學刊》第 39 期（2007 年 12 月），頁 107-157。

台北大學社會學系副教授 田畠真弓

禮物經濟與公民社會：
台灣的捐款文化

　　禮物經濟（gift economy）的人類學概念，在台灣的社會扮演相當重要的角色。國內著名人力銀行，針對一般公司職員進行的問卷調查顯示，大約80%的台灣受訪者回答曾經參與過各種公益活動，其中約70%的受訪者表示，曾經參與過捐贈以及捐款等非以經濟為目的的互惠行動。

　　2011年3月11日，日本東北地區太平洋近海發生規模8.4的大地震，伴隨而來的海嘯與餘震引發了嚴重的災害。此「東日本大震災」發生後，台灣對日本災區援助的捐款高達了200億日元（大約54.6億台幣），給日本民眾留下相當深刻的印象。不僅災區的居民，一般的日本民眾也普遍認為，台灣民眾對捐贈具有高度的認同。

台灣捐款文化打動日本人的心

　　相較於台灣公益活動的盛行，日本民眾平常似乎很少參與捐款活動。例如日本的政治學家，坂本治也指出，日本民眾不僅對政治人物，也會對勸募捐款的非政府組織（NGO）以及非營利團體（NPO）保持相當強烈的懷疑，他們非常擔心自己的捐款是否確實送到災區居民手中，還是被惡劣的公益團體人士拿走等問題。因此，台灣民眾的捐款文化讓平常幾乎都沒有參與捐款活動的日本民眾震驚，也打動了他們的心。在此之後，台灣每次發生大地震時，日本的企業、非營利組織以及一般民眾，都會彼此呼籲捐款，主動將龐大的捐款寄到台灣來。例如 2018 年 2 月在花蓮發生芮氏規模 6 的強震時，在日本各地連鎖超商以及百貨公司都啟動小額捐款，捐款總額高達 2000 多萬元。

　　2018 年 3 月初，台北大學社會系接待了日本國立福島大學行政政策學系的教授、同學，十幾位同學們則是提早打工存錢，主動購買機票來與台灣的同學們交流，同時托付我們 10 萬日幣捐款，希望轉交給花蓮的慈善基金會，支援震災區。台灣的同學們拿到這筆捐款後，則幫忙將日本同學們的捐款，匯款到財團法人門諾社會福利慈善事業基金會。

　　台灣民眾積極參與捐贈等公益活動的主要原因，有可能是民間宗教信仰，或對社會弱勢群體的關懷與同情心。然而另一方面，台灣普遍存在民眾對於政府和企業的強烈不信任感，也因此民眾希望透過自己，而不是政府或企業，來為台灣社會的改善做出貢獻，而類似捐款等「禮物經濟」的行動，或許是台灣公民社會精神的表現。

反商業主義與「禮物經濟」

　　「禮物經濟」是法國社會學家，也是人類學家的 Marcel Mauss，在「贈與論」所探討的非經濟交換之思考模式。它不是從經濟機制的角度探討商品交換的過程，而是從社會與倫理交換的角度，探討商品交換的一系列過程：從接受對方的物品到回饋給對方的流程。社會政策理論的奠基人 Richard Titmuss

禮物經濟與公民
社會

從「禮物經濟」的概念出發，試圖比較英國和美國的血液供應機制之間的差異。在英國的血液供應機制，主要來自無償的非經濟捐贈行動（自願捐血），但在美國，主要地透過有償的賣血來取得血液。他進一步地指出，賣血等市場經濟機制，導致了利他主義在美國社會衰落。奠定經濟人類學基礎的波蘭尼（Karl Polanyi）也認為，在西方資本主義發展的過程中，市場經濟體制取代社群的人際網絡，甚至瓦解社群網絡的社區連帶。

如上的論述告訴我們，捐血以及捐款等非經濟思考的捐贈行動，創造了一種不同於以利己主義為前提的經濟活動，透過非經濟目的的物品交換行為，可以促成、加強以社群連帶為核心的公民社會。

非經濟思考下的社會運動與社會企業

2014 年 3 月，台灣學生與一般民眾，因為反對黑箱服貿協議而發動起太陽花學運，群眾衝進立法院，並且占領議場。進入之後才發現，需要籌措物資才能進行長期的抗爭，學運組織與支援學運的非政府組織，開始在立法院設捐款箱接受小額募款，也透過臉書等社群網路，募集龐大金額的捐款，最後抗爭活動持續進行長達 24 天。

值得一提的是，全台灣最大的群眾募資平台「Flying V」，在民眾支援太陽花學運的過程中，扮演很重要的角色，也讓全世界的人知道太陽花學運的訴求與目的。Flying V 於 2012 年開站後，協助逾 1900 個民眾所提案的社會改革以及創意計畫，募集了 4 億元的資金。太陽花學運發生時，從 PTT 論壇聚集的支持學運之網友，透過 Flying V 募集資金，買下《紐約時報》與《蘋果日報》的頭版廣告，以傳達台灣民眾反對服貿的原因。他們運用群眾募資平台，展現出非經濟思考的社群連帶精神，施展了網路鄉民們對社會改革的熱情與能動性。

這幾年，從反商業主義的立場，公民透過群眾募資平台等非經濟捐贈行動，參與社會改革活動的情況越來越明顯。2011 年之後，陸續發生嚴重的食

品安全事件，從 2011 年「塑化劑事件」開始，統一企業原料供應商所造成的「毒澱粉事件」、「大統黑心油事件」，到 2015 年爆發的「亞硝酸鈉熱狗、火腿」事件等。食安風暴不僅引起民眾的極大恐慌，甚至發展為全民抵制供應黑心食品公司，並拒絕購買該公司所販售之所有商品的大規模社會運動。於此同時，小規模的社會企業陸陸續續開始營運，供應安全有機食品和乳製品，試圖推翻大企業等大規模資本的商業中心主義。這些新興的社會企業也透過群眾募資平台，進行籌措營運資金。年輕獸醫龔建嘉創立的社會企業「鮮乳坊」，以產地直送提供成分無調整鮮奶。他正在思考創業的時候，群眾募資平台 Flying V 主動邀請龔建嘉提案，集資總額累計超過 608 萬元。

目前「鮮乳坊」的鮮乳，進駐了全台的全家便利商店以及百貨公司，深受廣大消費者的喜愛。過去有一段時間，台灣牛乳市場是以奶粉為主，鮮乳並非主流。但中國毒奶粉事件以及食安風暴，促成台灣本土鮮乳的革命性發展。台灣民眾對於社會改革的期待與訴求，改變了國內產業的主流商品架構。如此，台灣民眾以捐款和募款等非經濟計算的捐贈行為，支持了社會改革的各種活動，試圖監督與糾正政府和大企業失敗的政策與策略，並逐漸成為帶動台灣公民社會發展的主要動力。

這幾年，在全世界的資本主義正式組織：政府和大企業逐漸地失去它的力量，被瓦解的過程中，捐款和募款等非經濟計算的捐贈行為跨國擴散與流通。在日本，被台灣捐款文化打動的年輕人嫌棄大企業所生產的商品，透過捐款與群眾募資支援新商業模式的發展。日本的年輕人在經濟蕭條的年代長大，不敢買昂貴的大企業公司生產的高價商品，他們希望購買功能又好，也有考量環保與安全性，價錢也相當合理的高 CP（性價比）商品。台灣的捐款文化推動國內社會改革的同時，將公民社會發展的動力傳到近鄰的東亞國家，帶動日本年輕人的社會創新趨勢。總之，在東亞國家，資本主義的大規模組織與制度的不滿，促成年輕世代的小組織興起與社會改革。

清華大學社會學研究所博士、半畝塘環境建築整合集團 郭瑞坤

作環保的社會想像與實踐：
社區、經濟與環境

環保是什麼？生活在台灣的我們，平常習慣回答的可能是宗教團體如慈濟做的資源回收、環保抗爭運動、自然生態的保育等等。難道，環保不就是這些嗎？

台灣的社會科學學界可以對環保舉出一堆議題討論，例如經濟發展與環境保護的辯論，環保運動與民主運動各階段的關係等等。但是，不同的環境保護議題討論和作法，也是不同立場、觀點的表述，這些立場會影響我們如何認知社會與環境的關係是什麼，以及願意付出多少努力來達到理想目標。

博士班畢業之後，由於曾在環境類的非政府組織、環境建築整合團隊的工作經驗，讓我對環保行動有更多的認識，環保作法確實背後也有其各類的經濟、政治與社會利益的因素，以及各自開展的策略行動。除了台灣長年來的環境抗議之外，對於不全然贊同抗爭路線的參與者或其他非政府組織而言，他們認為作環保或環境行動，似乎應該把「生態」目標而非「社會」目標，擺在更優先的考量，抱持這種立場的人，他們首要的長期工作，就是多層次地針對社會進行環境教育。

那麼，環保的作法，有沒有其他的理解與想像呢？

▍環保也有社會想像

硬與軟、激進與溫和的環保作為，似乎是矛盾的。除了從都市／鄉村、中產／勞動階級的社會利益來剖析環保實踐的不同，當今時代的環保有沒有共通的理解呢？

以我們熟悉的選舉為例，選舉就是透過普選而將個體的選擇融合為一種集體的決定，但是這種集體的決定仍然必須符合某些規範，例如不能有買票、威脅等違規行為。社會思想家查爾斯・泰勒（Charles Taylor）認為，這種想像與理解若要有意義，就必須更廣泛掌握我們的整體境況、整個社會處境。他以「社會想像」的概念，來指稱這種現代社會中的一種狀況，那就是人們對於拓展某些集體實踐，會有一種共同的理解。

其實，這個概念也可以放到已發展國家或者後進發展國家的「環境保護」來理解。就台灣來講，環保的社會想像，從抗議環境汙染、介入環境政策等環境正義的追求，到環保生活的實驗與實踐、甚至含括到友善環境的農業乃至商業模式等，跨越的範疇相當寬廣。不過，它們的共通點在於，促發這些社會想像的人所看到的社會，或多或少都面對全球資本主義與發展主義的經濟掠奪、社會關係和生態系統的破壞，也因此各自去展開應對的方式。

作環保的社會想像與實踐

這幾年，反省並嘗試建構環境和社會連結的新實踐逐漸產生。環境政治是面對發展主義重要的社會戰場，但這篇文章先不處理這類議題，而將目光投向生態生活實踐的觀察。從事這種實踐的社群也多半認為，他們在幫忙找尋當前社會無法永續發展的出路。這類實踐環境與人群關係的社會想像，我概略分成「作環保的三個社會想像」：社區的想像（生態村）、經濟的想像（轉型城鎮）、環境的想像（生態農業）。這三種想像僅是基於側重理念和目的而區分，實際上它們往往是重疊的，例如在英國推動轉型城鎮運動的 Rob Hopkins 本身就是樸門農藝的老師。

社區想像：生態村

生態村（ecovillage）或生態社區，似乎是一群人為了更健康、關係更美好、環境永續而群居建立，一種在現代社會之外／內建立「烏托邦」的努力。起初，這種努力來自 1960、1970 年代對資本主義社會的反叛，後來才逐漸有了生態村的雛型。

什麼是生態村？已居住在台灣的歐洲生態村紀錄片導演史蒂芬・沃夫（Stefan Wolf）說：「生態村是具有相同目標的社區，以社會、經濟和生態的永續發展為目標。」他所調查的歐洲生態村在許多方面儘管有所不同，但共同點在於尋找另一種生活方式，因為現在的生活方式大部分都在破壞地球。

對此議題陌生的人而言，生態村的人們似乎會給人一種「避世主義」的傾向。這個世界已經夠混亂、環境夠糟了，為了更好的世界，讓我們建立新的村子吧。許多生態村的核心宗旨是連結社群，並整合生態、經濟、社會、文化等的面向，朝向永續的發展。史蒂芬・沃夫認為，影響生態社區能否永續，主要是能源、飲食、用電、用水、建築、排泄物、垃圾處理、交通、消費、醫療、教育、衝突調解與決策機制。這些面向能否盡可能利用在地參與機制，是生態村成功的關鍵之一。

213

生態村的理想滿足許多人在競爭、掠奪的資本主義社會之外，身體、心

靈、社群深刻連結的渴望。同時他們的生活往往傾向於低耗能的、降低破壞地球的生活方式，提供資本主義社會生活的一面鏡子。不過，從拜訪台灣一些近似生態村社區的經驗來看，從大社會退卻或者較少介入社會，可能是這類生態村較容易受到質疑的部分，但或許這也是當初他們發起這種生活實踐的起因。另一類型透過社交媒體網絡組成的半虛擬社群也逐步成形，生態村的理念在這類網路社群中藉由交流資訊、課程活動，累積社群的集合能量，實質的組建生態村行動則仍需觀察。

經濟想像：轉型城鎮

環境正義關注環境效益分配的不公平，而這些不公平往往與汙染的界線、財富分配不公有相當關係。以台灣前幾年各地設立科學園區搶地搶水所引發的問題來看，科學園區產生了對誰有利、對誰有害的爭議。園區經濟可能轉型嗎？園區轉型，並不僅是意味著已開發的園區本身產業項目的改動，更根本的是，這種社會經濟的轉型必須從高科技產業及其相連的水、土地、能源的利用模式做整體的考量。誠然，這種園區經濟的轉型不是政策制定即能推動，它同時也是社會工程、文化工程。以台灣社會資源規模而言，從大量耗水、耗土地、耗電力的產業，轉向小即是美的經濟不失為一個值得思考的轉型想像。

在石油價格高漲、產油不斷創高峰的歷史條件下，欠缺石油的台灣，面對這一經濟局勢，一個可參考的城鎮或生活區域發展概念，是英國的轉型城鎮（transition towns）。轉型城鎮運動是回應現代世界的產油高峰、氣候破壞、經濟波動所發展出的草根社群網絡，目的在建立更具韌性的社群。轉型城鎮運動的關鍵在於及早面對經濟、社會、政治的問題，以避免能源短缺與氣候變遷下，社會結構「韌性」不足以面對迫切的問題，引發文明的進一步危機。轉型城鎮運動是在面對發展主義下的生存問題。

轉型運動發起人之一 Ben Brangwyn 認為，轉型是重新檢視生活中的組成元素，依照最符合永續發展的原則，來做篩選和重新配置。轉型城鎮運

作環保的社會想
像與實踐

動的一個核心是轉型的「時間意識」，這是指透過未來的願景，來構想現在的行動。

　　能源減量行動計劃（Energy Descent Action Plan），是降低對石油仰賴的一個行動方案，把城鎮轉型意識與能源減量融合在一起。以著名的托特尼斯城鎮轉型（Transition Town Totnes）為例，他們的能源減量行動計是透過 2010 年產油高峰後的二十年時間表，擴展成從未來到晚近幾年的行動計劃。

　　轉型城鎮與轉型企業，是以社區的整體利益為考量基礎，探索如何讓經濟發展對人、社會與對環境更為友善，也包含了社群支持農業、優質能源系統與重建社會信任。這恰好都是台灣高科技產業所欠缺的部分。另一方面，轉型城鎮也提供台灣的地方再生、社區營造可參考的路徑，思考如何將能源問題、食物網絡、社群關係基礎帶入社區再生的方法。

▌環境想像：生態農業

　　最後，環保實踐還是回到對環境的想像。不論是生態村、轉型城鎮，永續的、生態的農業都是他們賴以建構的基礎。強調環境友善、永續性的農業方式眾多，這裡我只討論近年也在台灣興起的整體考量自然、能源與社群關係的樸門農藝（Permaculture）。樸門農藝不是一種有機農法或特定技術，它的出現是為了回應環境狀況，而地球所面臨的整體狀況，包括了氣候變遷、人口過多，經濟與生態危機、產油頂峰、過度消費等。

　　樸門創始人 Bill Mollison 與 David Holmgren 提出三個倫理：照顧地球、照顧人類、分享剩餘，來檢視和重整目前我們在生活各層面的狀態。樸門的目標是主動設計與維護一個具有農業生產力的生態系，包括在城市中設計這樣的生態，例如都市農耕、社區農園這類生態型態，或是像是城市游擊園藝：在一小塊城市空地（例如台灣博物館前）上快閃種出植物。同時樸門也包括社會性的設計，把食物系統設計到我們的生活中。

215

樸門所設計的系統應該是「自我支持」的、自我引導的，盡可能不需要外部的能源。經過設計之後，系統僅需要少量能源投入，這是一種「不會累」、適合懶人的作法。以農業來說，設計一種多年生的長期系統，建置後就可以存活數十年、百年。樸門運用了各領域方法，只要符合它核心的倫理與原則，因為樸門不是單一技術，而是注重各領域的「相關性」、甚至整合性。最後，樸門希望能創造一種意識社區，也就是創造一種經濟、社會、生態各方面友善的聚落，是一種具有團體倫理、共識的社區。某方面來說，這也是生態社區的另一種同義詞。

環保，也可以是慢而長的生命節奏

這篇短文不在於提供一個較佳的環保答案。生態社區、轉型運動、生態農業，從世界各地發起的這三個作環保的社會想像，正在台灣社會萌生，例如半農半 X 社群或花蓮樸門部落。事實上，從環境經濟上著眼的社會想像，也刺激一些新興企業的創生、甚至轉型／轉化企業的體質。不過，想落實照顧環境、照顧人性的產品或建築，仍持續面對市場嚴格的商業可行考驗，我對此體會頗多。

在國家制度性的暴力、農地重劃圈地炒作不斷生成的前提下，公民結合形成的環境運動是一個相當重要的公民社會基礎，從街頭到政策場域仍是重要的戰場，藉以提醒擁有權力的人對於人民賴以為生計的環境負有更高的責任。相對地，要產生環境與社會的和諧共融，慢而長的生命節奏則是必要的條件，前述的生態生活想像提供現實台灣一條可欲的生活政治之路，一種可以不斷回返參照的原點。作環保，環境運動與環境生活政治，這兩類方式不一定是互斥的，它們都是激發彼此活力的來源。

作環保的社會想
像與實踐

note

巷仔口社會學 .3 : 如果贏者全拿，我們還剩下什麼？ / 潘美玲 , 王宏仁主編 .-- 初版 .-- 新北市 : 大家 , 遠足文化 , 2019.12
面；　公分
ISBN 978-957-9542-87-6(平裝)

1. 經濟社會學 2. 文集

550.1654　　　　　　　　　　　　　　　　　　　　　　　　　　　　　　　　　108019410

國家圖書館出版品預行編目 (CIP) 資料

common 56

巷仔口社會學 3 —— 如果贏者全拿，我們還剩下什麼？

主編　潘美玲、王宏仁 | 書籍設計　林宜賢 | 插圖繪製　陳宛昀 | 圖表設計　洪紹元 | 責任編輯　官子程 | 行銷企畫　陳詩韻 | 總編輯　賴淑玲 | 社長　郭重興 | 發行人兼出版總監　曾大福 | 出版者　大家出版 / 遠足文化事業股份有限公司 | 發行　遠足文化事業股份有限公司　231 新北市新店區民權路 108-2 號 9 樓　電話—(02)2218-1417　傳真—(02)8667-1851 | 劃撥帳號：19504465　戶名：遠足文化事業有限公司 | 法律顧問　華洋國際專利商標事務所　蘇文生律師 | 初版一刷　2019 年 12 月 | 定價　新台幣 350 元 | 版權所有　翻印必究 | 缺頁或破損的書，請寄回更換 | 本書僅代表作者言論，不代表本公司 / 出版集團之立場與意見

SOCIOLOGY
AT THE
STREET
CORNER 3

SOCIOLOGY
AT THE
STREET
CORNER 3